왜 공민왕의 개혁 정치는 실패했을까?

교과서 속 역사 이야기, 법정에 서다

20
역사공화국
한국사법정

기철 vs 공민왕

왜 공민왕의 개혁 정치는 실패했을까?

글 함규진 | 그림 안희숙

|주|자음과모음

바쁘게 살다 보면 세상일은 늘 그날이 그날, 어제도 오늘도 비슷하기만 합니다. 하지만 맛있는 음식도 그냥 두면 상하듯, 뭐든 항상 똑같이 하다 보면 안 좋아지는 게 있겠죠? 시대가 달라지고 생각이 달라지면, 사회 제도 또한 그에 맞게 변화가 필요합니다. 이런 변화를 추진하는 일을 '개혁'이라고 하지요.

대개 역사적인 개혁에는 팔을 걷어붙이고 앞장서서 개혁의 필요성을, 또 방법을 외치는 지도자가 존재합니다. 종교 개혁을 이끈 루터, 흑인 민권 개혁의 마틴 루터 킹, 러시아 근대 개혁을 이끌었던 표트르 1세……

그러면 우리나라 역사에서 어떤 개혁 지도자를 찾아볼 수 있을까요? 한국사에도 많은 개혁가들이 있습니다. 개혁 군주 정조, 그와 함

왜 공민왕의 개혁 정치는 실패했을까?

께 개혁을 꿈꾼 실학자 정약용, 갑신정변을 일으킨 김옥균, 동학 농민 운동으로 보다 사람답게 살 수 있는 세상을 만들어 가려던 전봉준…….

그런데 고려 시대의 공민왕이 어떤 사람이었는지 알고 계시나요? 공민왕도 아주 유명한 개혁 지도자랍니다. 한국사를 많이 아는 외국 사람들도 그를 높이 평가하고 존경할 정도로요.

공민왕이 무슨 개혁을 했느냐고요? 우선 원나라의 간섭을 물리친 반원 개혁이 있지요. 그리고 '권문세족'을 억누르고 힘없는 백성들을 도운 민생 개혁, 불합리했던 국가 조직을 고친 관제 개혁…… 이 모두가 태조 왕건이 세운 지 5백 년이 넘으면서 여러 가지 문제점이 나타나고, 원나라의 간섭이며 왜구, 홍건적 등의 침입까지 겹쳐 여러 가지로 어려움에 시달렸던 고려를 다시 일으키기 위해 꼭 필요한 개혁들이었다고 해요.

그런데 모두가 공민왕의 개혁을 높이 평가하는 것은 아니에요. 개혁은 말뿐이고, 사실 공민왕은 자신의 힘을 기르기 위해 애썼을 뿐이라는 비판도 있지요. 자, 누구의 말이 맞을까요? 공민왕은 위대한 개혁 군주일까요, 아닐까요? 그런 의문을 풀기 위해 여기, 한국사법정이 있지요! 그럼 우리 함께 한국사법정으로 가 볼까요?

함규진

차례

원이 점차 쇠퇴하는 14세기 중반 고려 사회에는 개혁 기운이 크게 일어났고, 공민왕은 반원 개혁을 추진한다. 친원파를 숙청하고 정방을 폐지하고 왕권을 강화하였다. 하지만 공민왕은 결국 시해당하고 개혁 정치도 빛을 발하지 못한다.

중학교	역사

IV. 고려의 성립과 변천
  3. 대몽 항쟁의 전개와 개혁의 시도
    (2) 개혁을 시도한 공민왕

원의 간섭을 받는 시기에 접어들어 고려 국왕은 원의 공주와 혼인을 하였고, 고려의 왕자는 원에서 성장하면서 교육을 받아야 했다. 원의 간섭으로 왕위가 자주 바뀜에 따라 정치 세력의 교체도 빈번했다. 특히 권문세족이 등장함에 따라 왕의 힘은 더욱 약화되었다.

고려는 건국 초부터 다양한 세력을 포용하며 개방적이고 유연한 태도를 보였다. 이러한 고려의 대외 교류는 원 간섭기에도 활발하게 전개되었다.

고등학교	한국사	II. 고려와 조선의 성립과 발전 1. 민족을 재통일하여 발전한 고려 　(4) 고려와 이웃 나라들

몽골과 강화를 맺은 후 고려 국왕은 원 황제의 사위가 되어야 했고 내정 간섭을 받아야 했다. 14세기 후반 공민왕은 대외적으로는 반원 자주 정책을 펼쳤고 대내적으로는 권문세족을 누르고 왕권을 강화하였다. 그 후 고려는 왜구와 홍건적의 침입을 받았으나 최영과 이성계 등이 이를 물리쳤다.

원고 **기철(?~1356년)**

나는 자랑스러운 대원 제국 황후마마의 오라버니요! 그런데 공민왕, 그가 자기 권력을 키우려는 욕심에 나를 없애 버렸지요. 이번 재판에서 나의 억울함을 풀고 공민왕에 대한 잘못된 인식을 밝힐 생각입니다.

원고 측 변호사 **김딴지**

나, 김딴지는 역사에 관해 해박한 지식이 있으며, 잘못된 역사를 바로잡는 데 혼신의 힘을 쏟는 변호사랍니다.

원고 측 증인 **기황후**

나는 원나라에 공녀로 끌려갔다가 황후의 자리까지 올랐습니다. 우리 역사에 왕비나 여왕은 있었어도 황후는 드물걸요?

원고 측 증인 **이존오**

나는 천 번을 죽여도 시원찮을 신돈 때문에 인생을 망친 사람이오! 물론 그를 신임하고 내게 벌을 내린 공민왕께도 할 말이 많지요. 하지만 내가 모셨던 왕이니 예의는 갖추며 진실을 말할 것입니다.

원고 측 증인 **이성계**

나에 대해서는 잘 아시겠지요? 조선을 건국한 태조 이성계입니다. 이번에는 주인공이 아니라 증인의 한 사람으로 법정에 서게 되었군요. 이번 재판에서는 내가 조선을 세울 수밖에 없었던 이유도 드러나겠군요.

피고 **공민왕(1330년~1374년)**

나는 고려 제31대 왕으로, 기울어져 가는 고려를
되살리고자 갖은 노력을 다했습니다. 그런데 왜
내가 피고가 되어 이런 재판에 나와야 하는지 이
해가 되지 않는군요.

피고 측 변호사 **이대로**

역사공화국에서 명변호사로 널리 알려진 이대로
입니다. 역사적 진실은 쉽게 변하는 것이 아니라
고 생각하지요. 여러분, 기존의 역사적 평가에는
다 이유가 있다니까요!

피고 측 증인 **노국 공주**

나는 원나라 사람이지만 공민왕 폐하와 혼인한
후로는 고려를 위해 노력했습니다. 우리 부부의
아름다운 사랑은 저승에서도 알아주더군요.

피고 측 증인 **제임스 팔레**

나는 미국인이지만 한국인보다 한국 역사를 더
잘 안다고 알려져 있고 나 스스로도 그렇다고 자
부하고 있습니다. 공민왕의 개혁을 변호하기 위
해 증인으로 나왔습니다.

피고 측 증인 **최영**

나는 공민왕의 은혜로 높은 지위에 올랐고, 오랑
캐를 무찌르고 고려를 지키기 위해 늘 노력했던
장군입니다. 이번 재판에서 동료를 배반한 이성계
도 증인으로 나온다던데 할 말이 많을 것 같군요.

"공민왕이 개혁 군주라니,
잘못 알려진 것이오!"

 여기는 김딴지 변호사가 일하는 변호사 사무실! 김딴지 변호사는 짜증이 나는 듯 이맛살을 한껏 찌푸리고 손가락으로 책상을 톡톡 두드리고 있었다.

 "쳇! 한동안 바쁠 때는 쉬고 싶더니, 정작 일이 없으니 심심하네. 으…… 심심. 에그…… 심심. 으이그…… 심심! 그렇지! 드라마 〈칭기즈 칸〉이나 봐야겠다!"

 김딴지 변호사는 책상 위에 놓인 리모컨으로 텔레비전을 켰다.

 "야, 역시 멋지단 말이야! 말을 타고 바람처럼 푸른 대초원을 달리는 저 모습! 그 앞에서는 이슬람의 전사든 서양의 기사든 꽁지 빠지게 도망치기 바쁘지. 정말 위대한 분이셨어! 아, 나도 저 시대에 몽골 땅에서 태어났으면! 옳지, 주제가가 나온다. 노래도 정말 멋져!"

♪ 칭, 칭, 칭기즈 칸!
하늘의 별처럼 모두가 사랑했네!
칭, 칭, 칭기즈 칸!
내 작은 가슴에 용기를 심어 줬네! ♫

　드라마에서 흘러나오는 노래를 따라 부르며 신 나게 춤을 추는 김
딴지 변호사. 그때 변호사 사무실의 문이 스르르 열리더니, 몽골 귀
족처럼 화려한 옷을 입고 머리를 밀고 수염을 기른 남자가 들어왔
다. 그리고 김딴지 변호사의 노래를 따라 부르기 시작했다.

♭ 겁이 많던 내게, 와하하하!

용기를 주었네, 와하하하!
내 맘 속의 영웅이었네!
칭, 칭, 칭기즈 칸! #

한참 정신없이 노래를 부르다가 비로소 낯선 남자를 알아차린 김 딴지 변호사는 화들짝 놀랐다.

"누, 누군데 갑자기 나타난 거요?"

"아하, 이거 실례했소이다. 어흠!"

"가만, 그 모습을 보니 몽골 사람 같은데……. 그럼 혹시 칭기즈 칸? 에이, 아니겠지. 설마 꾀죄죄하고, 얼굴도 생기다 만 당신 같은 사람이 위대한 칭기즈 칸일라고?"

"험, 험, 초면에 말이 심하시오! 말이 매운 변호사라더니 역시 만만치 않군!"

"초면에 사람을 놀라게 한 당신도 만만치 않아요! 아무튼 몽골 사람은 맞지요?"

"아니오. 난 몽골 사람이 아니라 고려 사람이오."

"고려요? 아니, 고려 사람이 왜 머리부터 발끝까지 몽골 사람처럼 꾸몄답니까?"

"그것은 내가 바로 기철이니까 그렇지."

"뒤처리?"

"뒤처리가 아니고 내 이름은 기철이오, 기철! 성이 기이고, 이름이 철!"

"오, 그랬군요. 특이한 이름이시네! 그럼 철이 씨, 영희는 어디 있나요?"

"자꾸 놀리기만 할 거요? 이래 봬도 살아 있을 때 임금 못지 않은 권세를 누리던 사람이었소!"

"하하, 그러세요? 그러고 보니 생각이 납니다. 원나라와 돈독한 관계를 자랑하던 친원파 기철! 누이동생이 원나라에 가서 황후가 되니까 그 힘을 등에 업고 고려 말기에 엄청난 세도를 부렸다고요? 그런데 여기는 왜 오신 거예요?"

"당연히 역사공화국 한국사법정에 나의 억울함을 호소하기 위해 왔지요!"

"억울함이라니요?"

"아시다시피 나는 공민왕에게 대항하다가 그만 목숨을 잃었소. 그런데 어이없게도 나는 역사 속에서 민족을 팔아 부귀영화를 누린 간사한 사람으로 알려지고, 공민왕은 개혁을 추진한 훌륭한 임금으로 알려졌지 뭐요! 하지만 진실은 그게 아니요! 빠이앤 티무르, 아니 공민왕, 그 인간은 그렇게 대단한 사람이 아니란 말이오. 난 억울하다고요! 억울해!"

"자, 자, 진정하세요. 철이 씨! 뭐, 나도 당신이 말한 대로 공민왕은 훌륭하고 기철과 친원파는 나쁘다고만 생각해 왔는데, 어쩌면 아닐지도 모르겠군요. 성군이고 영웅이고 역사에서 잘못 미화된 사람에게 가차없이 딴지를 걸기로 유명한 나, 김딴지가 이번 사건을 정식으로 접수하겠습니다. 나를 한번 믿어 보세요."

원과 공민왕의 관계

　아시아에서부터 유럽 지역에 걸쳐 대제국을 건설한 몽골은 나라의 이름을 '원'으로 바꾸었습니다. 몽골은 오랫동안 전쟁을 치렀던 고려와 강화를 맺고 나랏일에 간섭하기 시작하지요. 고려의 왕이 될 태자는 어린 시절을 원나라에서 보내야 했고, 원나라 공주와 혼인을 해야 했습니다. 자연스레 고려는 원의 사위의 나라, 즉 부마국이 되고 말았지요. 그래서 이전에 고려의 신하들은 왕에게 '폐하'라고 부를 수 없어 한 단계 낮은 칭호인 '전하'를 사용할 수밖에 없었습니다.

　충렬왕 때부터 시작된 원의 간섭은 더욱 적극적이고 또 심해졌습니다. 원나라는 고려에 '다루가치'라는 관리를 보내 원으로 보낼 공물을 직접 거둬들였지요. 그뿐만 아니라 수많은 고려의 처녀들을 원나라에 공녀로 바쳐야 했답니다.

　1351년 공민왕이 제31대 왕으로 즉위하게 됩니다. 공민왕도 열두 살 때부터 10년 동안을 원나라에서 살다가 왕위에 오르기 위해 고려로 돌아왔습니다. 하지만 공민왕은 변발과 원나라 복장을 벗어던지고 본격적인 개혁 정치를 시작하지요. 그리하여 누이동생이 원의 황후에 올라 최고의 권력을 누리고 있던 기철과 그 세력을 모조리 제거하는 데 성공합니다.

　이런 공민왕의 곁에는 원나라의 공주인 노국 공주가 있었습니다. 노국 공주는 공민왕의 개혁을 반대하거나 원망하지 않고 원나라의 압박으로부터 공민왕을 지켜 주기까지 합니다. 그러나 노국 공주는 아기를 낳는 도중 숨을 거둬 공민왕의 곁을 떠나고 말지요. 노국 공주를 잃은 슬픔에 공민왕은 개혁 정치도 잊은 채 노국 공주의 초상화를 그리거나 술을 마시며 슬픔에 잠겨 세월을 보내게 됩니다.

공민왕과 노국 공주 부부의 초상화

원고 | 기철	대리인 | 김딴지 변호사
피고 | 공민왕	대리인 | 이대로 변호사

청구 내용

13세기 몽골은 세계사에서 처음 보는 거대한 제국을 이루고 있었습니다. 고려는 그에 맞서 오랫동안 싸웠으나 결국 고려의 독립을 보전하는 조건으로 원나라와 화해했고, 세계 제국인 원의 파트너로 지내 왔습니다.

고려의 제31대 왕인 공민왕은 원나라의 지배에서 벗어나기 위해 '개혁'을 했다고 알려져 있습니다. 하지만 그것은 오해입니다. 그는 오랫동안 원나라에서 자랐고, 원나라의 공주를 부인으로 맞아 극진히 사랑했습니다. 그는 오직 왕권을 강화하고자 나, 기철 등을 살해한 것이며, 그 뒤로도 오랫동안 원나라에 충성을 맹세하고 신하로 지내 왔습니다.

공민왕이 행한 개혁이란 대부분 자기 자신의 권력을 키우기 위한 것이었지, 진정으로 나라와 백성을 생각한 것이 아니었습니다. 그렇게 키운 권력으로 그는 사치와 방탕을 일삼았으며, 이는 고려의 멸망을 재촉했습니다.

하지만 지금의 역사는 공민왕을 위대한 개혁 군주로 내세우면서도, 나는 개혁의 걸림돌, 원나라에 고려를 팔아먹으려 했던 파렴치한 민족 반역자 등으로 그리고 있습니다. 이것은 결코 공명정대한 역사라고 볼 수가 없습니다. 따라서 이 잘못을 바로잡아 주실 것을 한국사법정에 삼가 청구합니다.

입증 자료

- 중학교 역사 교과서
- 고등학교 한국사 교과서
  그 외 자료 추후 제출하겠음.

위 청구인 기철
역사공화국 한국사법정 귀중

공민왕은
왜 반원 정책을 펼쳤을까?

1. 공민왕은 어떤 시대에 왕이 되었을까?
2. 공민왕은 왜 원나라와 거리를 두려 했을까?

교과연계

역사
Ⅳ. 고려의 성립과 변천
  3. 대몽 항쟁의 전개와 개혁의 시도
    (2) 개혁을 시도한 공민왕

공민왕은 어떤 시대에
왕이 되었을까?

"와, 오늘도 방청객이 정말 많다."

"그러게. 게다가 한국사법정인데 외국인도 많은걸? 머리를 이상하게 땋은 사람이며, 파란 눈의 서양 사람이며⋯⋯."

"고려가 그만큼 여러 나라와 교류했으니까 그렇겠지. 오늘 재판은 몽골하고도 관련이 있고⋯⋯. 어, 그런데 이상하네?"

"뭐가?"

"피고석과 원고석을 보라고. 재판이 시작되기 전에 변호사들과 한창 대책을 의논해야 할 텐데, 피고랑 원고 모두 웬 화려한 옷을 입은 여자들과 이야기하기에 바쁘잖아?"

그때 원고석 쪽에서 누가 큰 소리로 외쳤다.

"우리 기씨 가문 만만세!"

"아, 원고 쪽은 기철하고 그 누이동생인 기황후인가 본데? 남매가 몽골과 고려를 뒤흔들었다더니, 기세가 정말 대단하네."

"그러게, 참 시끄럽네? 그러면 저기 피고 쪽에 앉아 있는 여자는 누구지?"

방청객들의 시선이 그 여인 쪽으로 향했다. 여인은 어두운 얼굴로 제 어깨에 기대고 있는 공민왕을 위로했다.

"폐하, 걱정 마시옵소서! 다 잘될 것이옵니다. 소첩을 믿으세요!"

공민왕은 괜찮다는 듯이 살짝 미소를 지었지만 다시 표정이 어두워졌다.

"음, 저 여자는 그 유명한 노국 공주가 틀림없어! 너도 알지? 원나라의 공주였지만 공민왕과 결혼하여 그를 헌신적으로 도왔다는 노국 공주 말이야."

"아하, 그러고 보니 그러네. 원고나 피고 모두 다 살아 있을 때 의지하던 사람들과 법정에서도 함께 있고 싶은가 봐. 그런데 여기선 변호사가 더 도움이 될 텐데. 김 변호사나 이 변호사나 모두 의아한 표정이군."

판사   자, 그만 조용히 하시오! 이제 엄숙한 재판을 시작하겠습니다. 재판 시작에 앞서 김딴지 변호사, 이번 사건은 어떤 사건입니까?

김딴지 변호사   고려 시대에 덕성 부원군에 봉해진 뒤 원으로부터 요양성 평장에 임명되었던 기철이 고려 제31대 왕인 공민왕에게 소송을 제기한 사건입니다.

판사 흠, 그러면 소송을 낸 까닭은 무엇이지요?

김딴지 변호사 고소장에도 밝혔지만, 역사적으로 공민왕은 훌륭한 개혁 군주로 평가를 받는 반면 기철은 흉악한 간신, 민족 반역자 등으로 비난받고 있습니다. 그러나 이것은 사실과 다릅니다. 그래서 소송을 제기한 것입니다.

판사 음, 사실 나도 공민왕 하면 열심히 개혁을 했지만 운이 따라 주지 않았던 임금으로 알고 있었는데……. 널리 알려진 생각을 뒤집으려면 확실한 근거가 있어야겠죠. 원고 측은 자신 있습니까?

김딴지 변호사 물론입니다! 공민왕의 진짜 모습을 이 재판을 통해 낱낱이 밝힐 생각입니다.

판사 알겠습니다. 그러면 본격적인 재판에 들어가도록 하죠. 먼저 원고 측, 소송을 제기한 이유를 더 자세하고 구체적으로 말씀해 주세요.

김딴지 변호사가 자리에서 일어나려는데 갑자기 원고석 옆에 있던 기황후가 앞으로 달려 나오며 크게 소리쳤다.

기황후 여러분, 제 말 좀 들어 보세요! 우리 오빠가 민족 반역자라니, 말도 안 돼요! 우리 오빠가 얼마나 착한데…….

판사 아니, 지금 뭐하시는 겁니까? 대체 누구시죠?

기황후 나를 모르세요? 나 참, '올제이 후투그'예요!

판사 올제이…… 누구요? 혹시 몽골 분이신가요?

기황후　　참 답답하시네. '기황후'라고 하면 아실라나? 원나라 황실로 시집가서 **토곤 티무르** 폐하의 황후가 되고, 다음 황제이신 **아유르시리다르**를 낳은 기황후라고요! 여기 계시는 **빠이앤 부카**의 누이동생이죠!

판사　　이름 한번 어렵군요. 알겠습니다만, 지금은 원고 쪽 발언을 듣는 시간입니다.

기황후　　그러니까 내가 우리 오빠를 대신해 발언한다니까요?

판사　　으음, 여기 증인 명단을 보니 기황후는 원고 측 증인이군요. 이따가 증언을 요청받으면 그때 말씀하십시오. 지금 이러시면 재판을 방해하는 것이고, 그러면 옆에 계신 원고, 그러니까 오빠 분께 불리할 수 있어요. 아시겠습니까?

기황후　　알았어요. 알았다고요! 그럼 좀 이따 봐! 오빠, 나 믿지?

기철　　그럼, 믿지! 증언석에 가 있어!

기황후　　기씨 문중 파이팅!

'파이팅!'을 외치는 기황후를 법정 경위들이 증언석으로 인도해 앉혔다. 방청석은 웃음소리와 '옳지호떡 파이팅!' 하는 외침으로 시끄러웠다.

김딴지 변호사　　약간의 소란이 있었습니다. 원고를 대신하여 정중히 사과드립니다. 존경하는 판사님, 배심원, 그리고 방청객 여러분,

토곤 티무르
중국식으로 원 혜종(惠宗)이라고 부릅니다. 원나라 제11대 황제로 명나라에 밀려 중국을 버리고 몽골로 쫓겨 갔습니다.

아유르시리다르
원 소종(昭宗)이라고 합니다. 원 혜종의 장남이며, 어머니는 기황후입니다.

빠이앤 부카
기철의 몽골식 이름이 바로 빠이앤 부카(佰顏不花)입니다.

원 간섭기
원나라가 고려를 침공한 1231
년부터 공민왕 초기까지 약 130
년 정도의 시기를 말합니다. 원
나라는 근대 일본처럼 한반도를
식민 지배 하지는 않았지만 여
러 가지로 간섭을 했습니다.

쿠빌라이
중국식으로는 원 세조(世祖)라고
불립니다. 남송을 정복하고 원나
라를 공식적으로 수립했습니다.

원종
고려의 제24대 왕입니다. 태자
시절 중국에 가서 쿠빌라이를
만나 보았고, 원나라와 화친하
기로 하여 30년 동안의 항쟁을
끝냈습니다.

친원파
고려 시대, 원나라와 화친하던
무리를 말합니다.

부원배
원나라에 충성하는 무리로 '친
원파'를 뜻합니다.

불행히도 우리 민족은 예로부터 수많은 침략을 당해 왔습니다. 중국의 여러 왕조들, 여러 북방 민족들, 그리고 서양 국가들과 일본에 많은 설움을 겪어야 했지요. 그래서 고려 시대의 이른바 '원 간섭기'도 '일제 강점기'와 다름없는 우리 민족의 불행한 역사였다고 생각하는 경우가 많습니다.

하지만 두 시대는 똑같지 않습니다! 아시다시피 고려는 몽골에 맞서 오랫동안 항쟁했습니다. 몽골은 헤아릴 수 없을 만큼 많은 나라를 짓밟았지만 고려만큼은 끝내 멸망시킬 수 없었습니다. 고려는 몽골에 패배하지 않았으나 초강대국이었던 몽골에 이길 수는 없었죠. 그래서 일찍이 좋은 인연을 맺은 적이 있던 쿠빌라이와 원종이 각기 원나라와 고려의 주인이 된 이후, 두 나라는 오랜 싸움을 접고 '파트너'가 되기로 했던 것입니다. 서로 손을 잡고 세계 제국을 이끌어 나가기로 한 것이죠.

판사   원나라가 고려를 지배한 것이 아니라, 두 나라가 파트너 관계를 맺었다는 말입니까?

김딴지 변호사   그렇습니다. 두 나라는 좋은 파트너 관계를 이어 왔습니다. 그런 점에서 '친원파' 또는 '부원배'라는 말을 마치 '친일파'를 말하듯 '민족 반역자'의 뜻으로 쓰는 것은 참으로 부당합니다. 게다가 친원파를 억누르려고 한 행동을 마치 독립운동이라도 되는 양 칭찬할 까닭도 없습니다.

따라서 기철을 친원파이자 악인이라 여기고, 기철을 제거한 공민왕을 개혁 군주로 높이는 일은 명백한 잘못입니다! 그리고 공민왕이 기철 등의 친원파를 억누른 까닭은 나라와 백성을 생각해서가 결코 아니었습니다. 오직 스스로의 권력을 강화하려는 목적뿐이었죠! 그 때문에 원나라와의 오랜 유대 관계가 얼크러지면서, 고려는 홍건적과 왜구의 침공에 시달리게 되었고, 결국 나라가 망하는 지경에 이른 것입니다. 자, 역사에서 나쁜 평가를 받아야 할 사람은 기철일까요, 공민왕일까요? 부디 올바른 판결이 내려지기를 바라며 여기서 줄이겠습니다.

김딴지 변호사가 말을 마치고 자리에 앉자, 판사는 피고석을 바라보며 이대로 변호사에게 발언을 권했다.

이대로 변호사　판사님, 말씀을 드리기에 앞서 한 가지 요청이 있습니다.

판사　그게 무엇입니까?

이대로 변호사　법정으로 의사 선생님을 불러 주십시오. 정신과 담당 선생님으로 말입니다.

판사　네? 난데없이 정신과 의사는 또 뭐죠?

이대로 변호사　아무리 생각해 봐도 친애하는 김딴지 변호사께서 요즘 재판 결과가 신통치 않다 보니 지금 정신이 온전하지 않으신 듯합니다. 그래서 검사를 받게 해 드려야 할 것 같습니다.

김딴지 변호사가 벌떡 일어나자, 이대로 변호사는 재빨리 자신의 말을 계속했다.

이대로 변호사   피고 공민왕이 우리 역사에서 보기 드문 개혁 군주이자 고려의 마지막 희망이었다는 사실을 모르는 사람이 없는데, 도대체 왜 이런 소송을 했는지 의문이었습니다. 그런데 지금 들어 보니이제는 뭐? 고려와 몽골이 파트너였다고요? 친원파를 제거한 일이오히려 나라에 해를 끼쳤다고요? 나 참, 어이가 없어서! 이런 주장을하는 분의 정신이 정상이라고는 도저히 믿을 수가 없군요!

김딴지 변호사   판사님!

김딴지 변호사의 얼굴이 새빨개지고, 방청석에서도 웅성거리는소리가 났다. 판사는 큰 소리로 방청석을 조용히 시키고, 이대로 변호사에게 말했다.

판사   변론에 직접 관련이 없는 발언은 자제해 주기 바랍니다. 그리고 본 한국사법정은 역사의 진실을 캐기 위한 곳이 아닙니까? 공민왕이 옳고 기철이 그르다고 여기는 생각이 일반적인 상식이라고해서 그대로 둔다면, 이 법정이 있을 까닭이 없겠지요. 자, 발언을 계속하시되 주의하기 바랍니다.

이대로 변호사   제 발언이 법정을 모독하는 것으로 여겨졌다면 죄송합니다. 하지만 이 소송이 쓸데없다는 점은 틀림없습니다. 원나라와 고려는 결코 대등한 파트너가 아니었습니다. ▶고려는 원나라에게 치욕을 겪었을 뿐 아니라 고려 백성은 원나라의 횡포로 갖은 고생을 했고, 그런 가운데 저기 기철 같은 친원파는 나라와 백성을 팔아서 잘 먹고 잘살았지요! 그런 친원파를 제거하고 원나라의 구속에서 벗어나려 했던 공민왕의 정책은 분명 훌륭했습니다. 그리고 그 밖에도 공민왕이 실시한 정책들을 보면 꼭 필요하고 바람직했던 개혁이 많습니다. 그런 분을 깎아내리면서 기철 같은 인간을 두둔하다니! 같은 변호사로서 부끄럽습니다. 이상입니다.

이대로 변호사가 자리에 앉자, 김딴지 변호사가 얼른 일어나며 발언했다.

김딴지 변호사 공민왕이 왕위에 오를 당시 원나라와 고려의 관계가 어땠는지가 일단 쟁점이 되겠군요. 그러면 먼저 피고에게 질문하고 싶습니다.

판사 피고는 간단히 재판에 임하는 입장을 밝히고, 원고 측의 질문에 응하세요.

공민왕 안녕하십니까. 나는 공민왕입니다. 공민왕은 죽은 뒤에 붙여진 **시호**이고, 본래 이름은 왕전이라고 합니다.

김딴지 변호사 피고는 이름이 또 하나 있지요? 몽골식으로, '빠이앤 티무르'라고요. 그렇지 않습니까?

시호
황제나 국왕이 죽은 뒤에 그 은덕을 기리며 붙이는 이름입니다.

교과서에는

▶ 고려는 80여 년간 원나라의 사위의 나라, 즉 부마국이 되어 간섭을 받았습니다. 원 간섭기에 고려에는 원나라와의 관계를 통해 성장한 권문세족이 새로운 세력으로 자리 잡았지요. 그 중 기철은 누이동생이 원나라의 황후가 되자 친원파 세력을 모두 모아서 남의 토지를 빼앗는 등 권세를 부렸습니다.

창씨개명
일제 강점기에 일본은 강제로 한국인의 성을 일본식으로 고치도록 했습니다. 식민지 동화 정책의 일환이었습니다.

공민왕　네, 그렇습니다.

김딴지 변호사　제 의뢰인인 원고 기철은 '빠이앤 부카'라고도 하더군요. 그 누이동생 되시는 기황후께서는 옳지호떡…… 아, 아, 아니죠. '올제이 후투그'라는 몽골식 이름이 있고요. 분명 고려 분들이신데 몽골 이름이 있는 까닭이 뭡니까?

공민왕　아, 당시에는 오랫동안 원나라를 떠받들고 지내다 보니, 고려의 왕족이나 귀족들이 몽골식 이름을 가지는 게 유행이었지요. 부끄러운 일입니다.

김딴지 변호사　흠, 부끄러운 일이다! 마치 일제 강점기 때 일본식 이름으로 창씨개명을 했던 것과 마찬가지라는 말씀인가요?

공민왕　잘 아는군요.

김딴지 변호사　흠, 그런가요? 그렇다면 요즘 대한민국의 연예인 중에는 '산다라'니, '아이유'니, '루나'니 하는 서양식 이름을 쓰는 사람들이 많은데, 이것도 같은 맥락에서 볼 수 있을까요?

공민왕　음, 그건 조금 다르지 않을까요? 그 사람들은 자기 개성을 표현하려고 그렇게 예명을 지었을 뿐이고, 본래의 이름은 그대로 있으니까요.

김딴지 변호사　피고도 그렇게 생각하시는군요? 그런데 피고가 살던 때도 그와 비슷하지 않았습니까? 기철이나 왕전 같은 본래의 이름이 없어진 것은 아니잖아요?

공민왕　음…….

김딴지 변호사　　일제 강점기 때는 누구나 강제로 성과 이름을 일본 식으로 바꿔야 했고, 아예 한국말을 쓰지 못하고 일본말만 써야 했었지요. 그야말로 우리 한민족의 민족성을 없애고 일본인으로 만들려는 것이었는데, 고려 시대는 다르지 않습니까? 강제로 몽골 이름을 짓고, 몽골 옷을 입게 하지도 않았고, 몽골 말을 써야 하지도 않았잖아요? 제 말이 틀렸나요?

공민왕　　으음…….

이대로 변호사　　판사님, 이의 있습니다! 몽골식 이름의 의미와 이 재판은 아무런 상관이 없습니다!

김딴지 변호사　　왜 없습니까? 저는 지금 이른바 '원 간섭기' 때 고려가 처했던 상황이 일제 강점기처럼 그렇게 처참한 것은 절대로 아니었음을 입증하려는 것입니다. ▶당시 '몽고풍'이라고 해서 원나라의 문화가 고려에 유행했던 것은 사실입니다. 그러나 그것은 강요된 것이 아니었습니다. 당시 세계 최강대국이었던 원나라의 파트너 나라, 고려에서는 자연스레 원나라 바람이 불었던 것이지요.

공민왕은 뭔가 항의를 하려다가 그만두었다. 이대로 변호사는 판사가 아무 말도 없자 얼굴을 찌푸리며 자리에 앉았다.

김딴지 변호사　　더구나 그것은 일방적인 것도 아니었습

니다. '고려양'이라고 해서 고려의 음식 조리법이나 옷차림이 원나라에서 유행하기도 했습니다. 사실 그럴 만도 했지요! 우리 한민족을 인종학적으로는 뭐라고 합니까? 몽골로이드라고 하지 않습니까? 실제로 한국인과 일본인, 중국인을 놓고 보면 조금씩 차이가 있지만 몽골 사람과 한국 사람은 전혀 구별이 안 된다고 하죠. 기본적으로

왜 공민왕의 개혁 정치는 실패했을까?

혈통이 비슷하니까 그렇게 오랜 전쟁을 하고서도 금방 친해지고, 또 문화 교류도 활발했던 것이지요.

공민왕   그렇지만……

김딴지 변호사   자, 그러면 이 사실을 더 분명히 하기 위해 증인을 신청하겠습니다! 기황후의 증언이 필요합니다.

김딴지 변호사의 말이 떨어지자마자 기황후가 성큼성큼 증언석으로 나왔다. 판사가 "증인은 진실만을 말하겠다고 맹세합니까?"라고 묻자 기황후는 벌컥 짜증을 냈다.

기황후   아니, 그러면 내가 여기 헛소리하러 나왔겠어요? 그리고 만약 거짓말을 할 생각이라고 해도, 대놓고 "나 거짓말할 거예요"라고 하겠어요? 답답해서 참!

판사   증인, 증인은 앞서도 법정을 소란스럽게 했습니다. 분명히 말하지만 언행을 조심하지 않으면 곧바로 퇴장시킬 것이며, 원고에게도 불이익이 주어질 것입니다!

그제야 기황후의 태도가 공손해졌다. 김딴지 변호사는 '이 못 말리는 남매들 때문에 미치겠군' 하는 표정으로 이마의 땀을 닦으며 증인에게 물었다.

김딴지 변호사   에, 그러면 질문하겠습니다. 증인은 고려 사람으로

몽골로이드
몽골 인종을 뜻합니다. 인종을 피부색에 따라 구분한 것으로 유색 인종이라고도 하지요. 황갈색의 피부에 검은색의 눈, 평평한 얼굴과 낮은 코가 특징입니다.

원나라에 건너가 황후가 되셨지요?

기황후 네. 아까도 말했지만 토곤 티무르, 그러니까 혜종 폐하의 황후가 되었고, 대를 이을 황태자를 낳았지요.

김딴지 변호사 그러면 당시 고려와 원나라의 관계를 누구보다도 잘 아시겠군요.

기황후 고려와 원나라의 관계는 참 좋았어요. 우리 오빠랑 나처럼요.

김딴지 변호사 조금 더 구체적으로 이야기해 주시겠어요?

기황후 첫째, 아까 변호사님이 이야기한 대로 원나라는 수많은 나라를 짓밟았지만 고려의 왕실과 나라는 그대로 보전해 주었고, 둘째, 고려에서는 몽고풍이, 원에서는 고려양이 유행했지요. 또 원나라와 고려는 손을 잡고 일본을 정벌했으며, 두 나라의 유대가 튼튼할 때는 왜구며 홍건적이 감히 고려를 침략하지 못했죠. 고려가 원나라에 예물을 바치면, 원나라는 보다 많은 재물을 답례로 주었기 때문에 무역 관계도 좋았고요.

김딴지 변호사 네, 그랬군요.

기황후 그러나 뭐니 뭐니 해도 두 나라의 사이가 좋았다는 점은 증인인 내가 잘 보여 주고 있어요. 솔직히 말해서, 우리나라는 신라 이후 대륙의 큰 나라들과 꾸준히 교류했지만, 우리나라 사람이 황후의 자리에까지 오른 경우가 나 말고 한 번이라도 있었나요?

김딴지 변호사 그러고 보니 후궁이 된 예는 간혹 있었어도, 황후가 되었다는 소리는 들어 보지 못했네요.

기황후 우리나라를 '오랑캐'로 여기는 한족 왕조였다면 어림도 없었을 거예요. 서로 간에 불신과 적대감이 가득했다면 역시 불가능했겠죠. 하지만 원나라는 고려를 형제의 나라처럼 아끼고, 고려 출신에 대한 편견이 없었기 때문에 나를 다음 황제를 낳을 황후의 자리에 오르게 한 것이 아니겠어요?

김딴지 변호사 정말 그렇군요!

기황후 그리고 충렬왕 이후부터 고려의 왕은 원나라 황실에서 배필을 얻었죠. 말하자면 두 집안이 하나로 맺어진 거예요. ▶충선왕 같은 분은 원나라에서 아예 살다시피 하면서 연경에 만권당을 세우고 원나라의 학자들과 사귀었죠. 당시 충선왕을 수행했던 고려의 학자 이제현이 원나라의 조맹부와 우정을 나누고, 학문을 배워 고려에 영향을 준 건 유명한 사실이에요.

김딴지 변호사 오오!

기황후 내 아들이 원나라의 황제가 되었으니 반은 고려 사람이 대원 제국의 주인이 된 셈인데, 아마 원나라 시대가 좀 더 이어졌다면 고려의 왕이 쿠릴타이에서 원나라의 황제로 추대되는 일이 일어났을지도 모르죠. 그만큼 두 나라 관계가 돈독했단 말이죠. 고려는 대원 제국의 파트너 또는 일원으로서 원나라와 함께 세상에 군림했다고 할 수 있어요.

김딴지 변호사 정말 그렇군요. 그러면 저기 계시는 피고, 공민왕의 이른바 '반원 정책'이란 어떤 의미가 있을까요?

한족
중국과 타이완에 주로 분포하는 민족으로 중국어와 한자를 사용합니다. 하지만 이들이 사용하는 언어는 지역마다 큰 차이가 있습니다.

만권당
고려 충선왕이 원나라에 머물 때에 연경에 세운 독서당입니다. 이곳에 많은 책을 갖추고 원나라의 학자들과 사귀었다고 합니다.

쿠릴타이
몽골 초기에 왕족과 족장들이 열렸던 족장 회의입니다. 몽골 제국 때는 다음 대의 칸을 쿠릴타이에서 선출했습니다.

교과서에는

▶ 충선왕은 왕위에서 물러난 후인 1314년에 원나라의 수도에 만권당을 세웠습니다. 그곳에서 고려의 유학자와 한족 유학자가 서로 만나 교류했지요. 이를 통해 고려의 학문과 사상은 더욱 발전할 수 있었답니다.

기황후　　반원? 무슨 반원? '반원'이라는 말을 들으니 다시 혈압이 오르는군요! 저 배은망덕한 인간은 반원 따위는 하지 않았어요. 그냥 죄 없는 우리 오빠를 해쳤을 뿐이라고요.

　　기황후의 뜻밖의 말에 방청석이 술렁거렸다.

김딴지 변호사　　그게 무슨 말씀이십니까? 공민왕이 반원 따위는 하지 않았다니요?

기황후　　저 사람이 어떻게 쉽게 왕이 되었는 줄 아세요? 그는 고려 제27대 충숙왕의 아들이었죠. 하지만 그는 둘째였고 왕위는 태자였던 첫째 아들 충혜왕에게 돌아갔어요. 그다음에는 충숙왕이 잠깐 다시 재위했다가 충혜왕의 아들인 충목왕이 뒤를 이었고, 충목왕이 4년 만에 갑자기 죽는 바람에 충혜왕의 다른 아들이 즉위해 충정왕이 되었어요. 말하자면 형과 그 자식들이 대를 이어 가면서 빠이앤티무르, 즉 공민왕이 왕이 될 차례는 영영 지나가 버린 셈이었죠! 하지만 어린 충정왕이 정치를 못해서 나라가 어지럽자 연경에 머물고 있던 티무르의 사람됨이 괜찮아 보이길래, 내가 황제 폐하께 잘 말씀드렸고, 결국 충정왕 대신 공민왕이 즉위하게 된 거라고요! 에그, 내가 눈이 삐었지!

김딴지 변호사　　그래서 배은망덕하다는 거군요. 그런데 공민왕이 반원을 하지 않았다는 것은 무슨 뜻인가요?

기황후　　생각해 보세요. 내가 황제께 말씀드린 것이 도움이 되었겠

지만, 원나라 사람들도 저 사람이 괜찮아 보이니까 고려의 새 왕으로
밀어줬겠죠? 그러려면 연경에서 얼마나 원나라 사람들의 비위를 맞
췄겠어요? 나도 가끔 봤지만 참, 민망하더라고요. 그렇게 해서 왕위
에 오른 공민왕은 이런 교서를 발표하기도 했죠. "우리 고려는 원나
라에 제일 먼저 충성했던 나라이다. …… 세조 황제(쿠빌라이)께서 특

하례
축하하며 예를 차리는 것을 말합니다.

조공
종속된 나라가 종주국에 때를 맞추어 예물을 바치던 일을 말합니다.

별히 총애하셨고, …… 천자께서 나를 왕으로 삼는 명을 내려 주시니 이런 영광이 없다." 이렇게 원나라를 떠받들었다고요.

기황후의 증언에 방청객들이 수군거리기 시작했다.

"그래? 저거 진짜야?"

"나는 공민왕을 철저히 원나라를 배격했던 왕으로 알았는데, 저런 말도 했었어?"

김딴지 변호사 그러니까 공민왕이 왕위에 오르는 시점까지는 철저히 원나라에 머리를 숙이다가 그다음부터 슬슬 반원 정책을 폈다는 뜻인가요?

기황후 그것도 아니에요! 저 사람이 우리 착한 오빠를 해쳤을 때는 재위 6년, 즉 1356년이었어요. 그런데 원나라에 사신을 보내 명절이나 황제의 생일 등을 하례하고 조공을 바치는 일은 그 뒤에도 10년이나 계속했다고요! 그 직전에는 원나라의 요청을 받아들여 고려군을 중국에 파병하기도 했고요! 한마디로 공민왕은 우리 오빠가 눈에 거슬리니까 없앤 거라고요. 그걸 가지고 친원 세력 제거니, 반원 정책이니 하는 건 뭘 잘 모르는 사람들이 갖다 붙인 것에 지나지 않아요!

김딴지 변호사 잘 알겠습니다. 여러분, 이제 진상이 보이지 않습니까? 확실한 사실은 피고가 원고를, 공민왕이 기철을 살해했다는 것입니다. 그런데 기철이 친원파의 대표처럼 여겨지다 보니 그 살해는 추한 권력 투쟁의 하나가 아니라 나라와 민족을 위한 숭고한 위업처럼 여겨지게 된 것이죠. 그러나 보다시피 진상은 그게 아닙니다! 이상입니다.

판사 피고 측에서는 반론 있습니까?

이대로 변호사 물론이죠. 거 참, 김 변호사님과 많이 싸워 봤지만, 이처럼 어이없는 원고, 어이없는 증인과 한편이 되어 거침없이 역사를 왜곡하는 모습은 처음 봅니다. 증인, 지금부터 제가 몇 가지 여쭤 보겠습니다.

기황후 흥! 그러시던지!

이대로 변호사 증인은 고려 사람으로 원나라의 황후가 되셨다고 하셨지요?

기황후 그래요. 몇 번이나 말했는데 내가 말하는 동안 잠이라도 자고 있었나요?

이대로 변호사 그러면 애초에 고려 사람이 원나라에는 왜 갔죠? 그쪽에서 황후가 될 사람이 필요하니 보내 달라고 해서 갔나요? '황후 모집 시험'에 응시라도 하셨나요?

기황후 그, 그건…….

이대로 변호사 고려의 공녀로 원나라에 끌려가셨던 거 아닌가요?

기황후 …….

이대로 변호사 ▶원나라는 고려 조정에 왕실이나 귀족 집안에서 일할 여자들을 보내라고 강요했죠. 그 요구를 들어주느라 고려 조정은

공녀
고려·조선 시대에 중국 원나라와 명나라의 요구로 여자를 바치던 일이나 또는 그 여자를 뜻합니다.

'결혼도감'이라는 것까지 만들어 전국에서 여자들을 모았고, 원나라에 뺏길 게 두려워 부모들은 일찌감치 딸을 결혼시켰고, 이 때문에 고려에 조혼 풍습이 생기기도 했다죠. 그렇지 않습니까?

기황후   …….

이대로 변호사   증인과 김 변호사님은 자꾸 '파트너'라고 표현하는데, 이렇게 굴욕적인 자세를 강요받는 파트너가 어디 있습니까? 뿐만 아니라 원나라는 고려에 공물도 요구했습니다.

기황후   그, 그건, 말했잖아요. 받는 것보다 더 많은 물자를 고려에 주었다고.

이대로 변호사   그렇지만 고려가 원나라에 바치는 것은 백성에게 꼭 필요한 옷감이나 힘들게 잡아야 하는 호랑이나 표범 가죽 등이었던 데 비해, 원나라에서 고려에 준 것은 향료나 비단 등 왕실이나 귀족들이 쓰는 사치품들이었죠. 그나마 말기가 되어서는 교초, 즉 지폐를 주었는데 원나라가 흔들리는 상황에 원나라의 지폐가 가치가 있었겠습니까? 그렇게 원나라에 공물을 바치느라 고려 조정은 백성을 괴롭혀야만 했지요. 원나라의 간섭은 결과적으로 고려 백성의 삶을 더욱 힘들게 만들었어요!

기황후   그래서요?

이대로 변호사   원나라와 고려의 관계가 깊어지면서 증인처럼 원나라에 공녀로 들어가 높은 신분에 오른 여인들의 친척들, 원나라 말을 하는 통역관들, 원나라 귀족과 혼인 관계를 맺은 사람들의 권세가 커졌습니다. 이른바 친

    왜 공민왕의 개혁 정치는 실패했을까?

원파 **권문세족**이라 불리지요. ▶그들은 원나라의 힘을 믿고 왕실도 무시하며 막대한 토지와 노비를 가졌어요. 그런데 그런 토지나 노비는 당연히 국가에 세금을 안 냅니다. 국가는 할 수 없이 남은 백성에게 더 많은 세금을 물려야만 하죠. 안 그러면 나라 살림이 거덜나니까요. 자, 그러니 어떻습니까? 당시 일반 백성은 원나라에 바칠 물품을 마련하면서, 또 전보다 훨씬 늘어난 세금을 바쳐야만 했습니다. 과연 살 만한 세상이었겠습니까? 고려 백성이 위대한 대원 제국의 파트너라는 자부심을 가지고 살 수 있었겠습니까?

방청석이 다시 소란해졌다. 이번에는 원나라를 욕하는 소리가 대부분이었다. 방청석에 있는 몽골 사람들은 불안한 눈빛으로 조용히 앉아 있었다.

이대로 변호사   정치적으로도 원나라 간섭기는 일제 강점기만큼은 아니어도 치욕적이자 비정상적인 시기였습니다. 그 사실은 방금 증인의 증언에서도 뚜렷이 드러납니다.

기황후   내가 무슨 말을 했다고 그래요?

이대로 변호사   공민왕이 원나라 사람들의 눈에 들었기 때문에 고려의 왕이 될 수 있었다고 하지 않았습니까? ▶▶그에 앞서 충혜왕을 임금 자리에서 끌어내리고 이미 물러난 충선왕을 다시 왕위에 세운 것도, 충정왕을 몰아내고

권문세족

고려 말기에 왕실을 능가하는 힘을 가졌던 족벌 집단을 말합니다. '권문'은 힘 있는 가문, '세족'은 대대로 세력을 떨치던 귀족을 뜻합니다. 기철처럼 원나라와 인연이 있는 집안이나 무신 정권 때 성장한 가문, 그보다 앞서 초기부터 문벌 귀족이던 가문 등이 있었습니다.

교과서에는

▶ 권문세족은 백성의 토지를 마음대로 빼앗아서 농장을 경영했습니다. 가난한 농민들은 노비가 되어 권문세족의 농장에서 일을 해야만 했지요. 권문세족의 땅이 넓어질수록 나라에 세금을 낼 백성의 수가 줄어들었고, 결국 고려의 세금 수입이 줄면서 재정이 궁핍해졌습니다.

▶▶ 원나라는 고려 왕실에 간섭해서 왕을 자주 바꿨어요. 정치 세력이 자주 교체되자 왕들은 지속적으로 정책을 펼 수 없었습니다.

공민왕을 세운 것도 다 원나라의 장난이었죠. 한 나라의 임금 자리가 다른 나라의 뜻에 따라 좌지우지되는데, 어찌 제대로 된 나라라고 할 수 있겠습니까?

기황후 　원나라가 고려를 '다른 나라'로 생각하지 않았기 때문에 간섭, 아니 개입을 했던 거죠! 충혜왕 이야기가 나왔는데 그 사람은 한국 역사에도 몇 안 될 만큼 지독한 폭군이었어요! 충정왕은 외척들에게 휘둘렸고, 왜구의 침입을 제대로 막지 못하는 등 임금으로서 자질이 없었다고요! 그래서 나름대로 괜찮아 보였던 공민왕을 다음 왕으로 내세운 거예요. 다 고려를 생각해서 한 일이라고요!

이대로 변호사 　잠깐만요! 분명 아까 증인은 공민왕이 기철을 제거해 원나라와의 관계가 나빠졌고, 그래서 왜구와 홍건적이 고려를 침공했다고 하지 않았나요? 그런데 공민왕 이전에도 왜구가 고려에 침입했었나 보군요?

기황후 　이, 있기야 있었지만, 공민왕이 다스릴 때처럼 그렇게 심각하지는 않았다고요! ▶충정왕이 그 정도의 침입을 받은 것도 왕이 정치를 못해서 그런 거라는 평가를 받았는데, 수많은 침입을 받고, 그것도 모자라 백성을 버리고 혼자 살겠다고 도망친 공민왕을 어떻게 평가해야 하나요, 네?

이대로 변호사 　그래요. 그럼 그건 그렇다고 치고, 근본적인 문제로 넘어가 봅시다. 대체 왜 공민왕은 원나라와 충돌할 위험까지 무릅쓰며 당신 오빠를, 그러니까 기철을 제거하려고 했던 걸까요?

왜 공민왕의 개혁 정치는 실패했을까?

기황후　　그런 질문은 옆에 있는 공민왕에게 직접 하지, 왜 나한테 해요? 벌써 말했잖아요? 공민왕이 자신의 권력을 강화하려고 벌인 짓이라고.

이대로 변호사　　오! 그러니까 기철이 제거되기 전에는 공민왕에게 그만큼 권력이 없었다는 말이군요? 그러면 이상하지 않나요? 분명히 고려의 왕은 공민왕이잖아요. 여동생이 원나라 황후든 누구든 기철은 공민왕의 신하이고요. 그런데 왜 왕이 위험을 무릅써야 할 정도로 신하에게 권력을 빼앗기고 있었던 걸까요? 충정왕은 외척들에게 휘둘려 제대로 왕 노릇도 못 해 보고 왕위에서 쫓겨났다면서요?

기황후　　…….

이대로 변호사　　기록에 의하면 증인의 '착한 오빠' 기철은 임금을 능가하는 권력을 휘둘렀고, 임금을 무시했다고 하는군요. 1356년에 그가 공민왕께 시를 올렸는데, '신은'이라는 표현을 쓰지 않았다고 합니다. 원나라에서는 증인의 아버지인 기자오에게 영안왕이라는 지위를 내려서 고려에 두 명의 왕이 있도록 하지 않았나요?

기황후　　무슨 소리예요? 당시 아버지는 이미 돌아가신 뒤였다고요. 내가 황후가 되니까 예법에 따라 돌아가신 아버지께 단지 왕이라는 호칭을 붙여 준 것뿐이에요. 고려 땅에 왕이 둘이었다는 건 말도 안 돼요!

이대로 변호사　　그래도 원칙적으로 오직 한 사람만 있을 수 있는 왕이 명목상으로 또 있게 된 거죠. 그리고 아버지가 죽은 뒤에라도 왕이 되었으니 그 아들인 기철도 왕자의 자격을 얻은 셈이고, 따라서

고려 왕실에 뒤지지 않는 신분이 된 거고요. 그뿐이 아니죠. 기철은
자신의 지위를 이용해 조정의 중요한 자리마다 친척이나 부하를 앉
혀서……

기황후　아, 됐어요. 됐어! 고려 땅에서 일어났던 일을 원나라에 있
었던 내가 어떻게 자세히 알겠어요? 짜증 나니까 그만하고, 나머지

는 오빠한테 물어봐요!

　기황후는 곧바로 증인석에서 일어나 밖으로 나가 버렸다. 이대로 변호사와 판사는 어이가 없어 멍하니 보고만 있었다. 기철은 울상이 되어 고개를 푹 숙였다.

이대로 변호사　　거참, 대원 제국의 황후 폐하라 그런지, 참 성질이 급하시네요. 좋습니다. 그러면 원고에게 몇 마디 묻겠습니다.

2

공민왕은 왜 원나라와 거리를 두려 했을까?

이대로 변호사   먼저 원고가 피고에게 해를 입던 때, 원고의 직위가 무엇이었는지 말씀해 주시겠어요?

기철   음, 태사도에 덕성 부원군이었고, 원나라 황제께서는 요양 성 평장과 정동행성 참지정사라는 벼슬을 내려 주셨죠.

이대로 변호사   얼핏 듣기만 해도 대단한 위치에 있었던 것 같군요! 그렇게 높은 자리를 하나도 아니고 여러 개씩 차지할 수 있었던 까 닭은 원고가 워낙 재주가 뛰어나고 공을 많이 세워서였겠죠?

기철   에, 뭐, 아시지 않습니까?

이대로 변호사   누이동생 덕으로 얻은 지위라는 걸 부정하지 않으 시는 것 같네요. 하긴 부정할 수 없겠지요. 좋습니다. 그러면 원고는 그 높은 지위, 큰 권세를 쥐고 무엇을 하셨나요?

기철   이거, 이거 왜 이럽니까? 공민왕이 피고지, 내가 피고요?

김딴지 변호사   그렇습니다! 판사님, 지금 피고 측의 자세는 명백히 부당합니다!

이대로 변호사   원고의 고소 내용을 제대로 규명하려면 당시 당사자였던 원고에게도 질문이 필요합니다.

김딴지 변호사   지금 피고 측은 질문을 넘어 신문을 하고 있습니다! 판사님, 이 재판이 기철의 범죄 여부를 묻기 위한 재판입니까?

판사   인정합니다. 피고, 재판 진행에 필요한 질문만 하세요.

이대로 변호사   알겠습니다. 그러면 원고의 개인적인 비리 문제는 그냥 넘어가고, 반드시 짚고 넘어가지 않을 수 없는 점만 질문하도록 하겠습니다. 원고!

기철   네?

이대로 변호사   원고는 피고인 공민왕을 시해하려는 역모를 꾸몄습니다. 그렇지 않습니까?

기철   그건 사실이 아닙니다. 아니라고요!

이대로 변호사   당시 원고가 공민왕을 제거하려는 음모를 꾸몄고, 그것을 눈치챈 공민왕이 선수를 쳐서 원고를 제거한 게 아니란 말입니까?

기철   절대 아닙니다! 그건 저쪽에서 나를 없앤 후에 꾸며 낸 겁니다. 변호사님 말마따나 당시 나의 위세가 임금도 부럽지 않았는데 구태여 역모를 꾸밀 이유가 있었겠습니까? 그리고 만약 공민왕을

정동행성
원나라가 일본을 정벌하기 위해 고려에 설치한 기관입니다. 원나라는 일본 정벌을 포기한 후에도 이 기구를 통해 고려의 내정에 간섭하려 했으나 군신의 반대로 성공하지 못했습니다.

제거한다면 그다음은 어떻게 하는데요? 내가 직접 왕위에 앉아요? 아무리 그래도 수백 년 동안 내려온 왕씨 왕조의 전통이 있는데, 그렇게 막 나갈 수는 없죠!

이대로 변호사　　음…….

이대로 변호사가 주춤하자, 기철은 기가 살아서 목소리를 높였다.

기철　　난 억울해요! 억울해! 억울해!

이대로 변호사　　뭐, 본인이 직접 왕이 되기는 어려웠을지 모르죠. 충혜왕의 서자인 왕석기가 있었고, 충선왕의 서자인 왕혜, 즉 덕흥군도 있었으니까요. 특히 덕흥군은 공민왕이 즉위한 후 원나라에 있다가 원고가 제거된 후 기황후의 지지를 받아 공민왕 대신 고려의 왕이 되려고 하지 않았습니까? 그래서 1363년에 원나라 군사를 이끌고 고려를 침공하다가 패배했지요. 원고는 그들 중 하나를 꼭두각시 왕으로 앉히고 자신이 나라를 좌지우지하려 한 것 아닙니까?

김딴지 변호사　　판사님, 이의 있습니다! 지금 피고 측은 순전히 추측에 근거해 말하고 있습니다!

이대로 변호사　　앞뒤가 딱딱 맞는 이야기 아닙니까? 원고, 말씀을 해 보세요!

기철　　아니오. 아니라고요! 생사람 잡지 마세요!

이대로 변호사　　좋습니다. 분명 이 자리는 원고를 재판하는 자리가 아니니까, 이쯤에서 그만하지요. 하지만 원고를 저 피고석에 앉히고,

저는 원고 측 변호사가 되어서 한 번 더 한국사법정에서 뵙고 싶군요.

기철   흠, 흠!

이대로 변호사   결국 틀림없는 사실은 원고의 아버지가 원나라로부터 왕이라는 칭호를 받고, 원고 자신은 정동행성 참지정사로서 사실상 왕을 무시하고 국정을 마음대로 할 수 있는 권한을 받아 공민왕의 왕권을 제약했다는 점입니다. 이 사실은 부정하지 않으시겠죠?

기철   ······.

이대로 변호사   그리고 결정적으로 원고가 국가와 민족을 배신하려 했다는 증거가 있습니다. 바로 '입성책동'입니다.

기철이 당황하며 눈을 돌렸다. 방청석에서는 "입성책동이 뭐니?" "글쎄, 나도 모르겠는데?" 등의 말이 조용히 오갔다.

이대로 변호사   입성책동이란 고려가 원나라의 하나의 성(省), 즉 지방 행정 단위가 되자는 것이지요. 다시 말하면, 고려라는 나라가 없어지고 한반도가 원나라의 땅이 된다는 이야기입니다.

방청석이 잠시 조용해지더니 곧바로 분노의 함성과 비난이 쏟아져 나왔다.

"아니, 뭐가 어째? 한반도가 원나라의 땅이 된다고?"

"그러면 아까 그렇게 강조하던 건 뭐야? 다 거짓말이야? 고려는 독립을 지켰다며?"

"에이, 저런 민족 반역자를 봤나? 친일파랑 똑같네."

"기철, 물러가라! 지옥에나 가 버려!"

이대로 변호사 고려 사람이 원나라에게 제발 우리나라를 집어삼켜 달라고 요청했던 입성책동은 1309년부터 네 차례나 있었습니다. 그중 마지막이 1343년, 그러니까 충혜왕 4년에 원나라에 머물고 있던 원고가 주도했던 것이지요. 그렇지 않습니까?

기철 그렇지만 그건 당시 충혜왕이 하도 방탕하고 무자비한 짓을 많이 하니까 '이럴 바에야 차라리 고려가 원나라의 일부가 되는 게 낫겠다'고 푸념했던 것이지, 진짜 그렇게 하자는 것은 아니었어요. 결국 충혜왕이 물러나는 것으로 일이 마무리되었고.

이대로 변호사 흠, 과연 그냥 푸념이었을까요? 그리고 푸념도 해서 될 게 있고, 안 될 게 있지 않습니까? 원나라에서 원고에게 정동행성 참지정사 자리를 주어 고려의 왕을 감시하고, 내정 간섭의 앞잡이 노릇을 하도록 시킨 것도 그때지요?

기철 앞잡이라니! 그것 참, 말조심하세요! 나는 피고도 아니고 증인도 아닙니다. 더 이상 당신의 추궁에 대답할 의무는 없어요. 이제부터 한마디도 하지 않을 테니 그리 아시오.

이대로 변호사 좋을 대로 하십시오. 하지만 판사님, 그리고 여러분, 이제 진실은 드러났습니다. 원나라는 고려의 파트너가 아니라 침략자였습니다. 그리고 그 침략의 앞잡이 노릇을 했던 자들이 바로 기씨 남매였으며, 공민왕은 목숨을 걸고 그들의 힘을 꺾어, 하마터면 나라와 민족이 송두리째 사라질 위기를 극복했던 것입니다! 이상입니다.

이대로 변호사가 의기양양하게 자리에 가서 앉았다. 방청석에서 박수소리가 들렸다. 그러자 김딴지 변호사가 벌떡 일어섰다.

김딴지 변호사　　법정 분위기가 많이 어수선해졌군요. 뭐, 그 심정은 이해합니다. 하지만 공정해야 할 재판이 감정에 휘둘려서는 안 되겠지요. 그리고 분명한 사실은, 이 재판은 기철이 아닌 공민왕의 재판이라는 점입니다. 백번 양보해 원고에게 문제가 있었다고 해도, 그것이 반드시 피고의 무죄를 뜻하지는 않습니다. 가령 『삼국지』에 나오는 조조를 봅시다. 그는 동탁이나 여포 등 한나라를 배신한 군벌들을 물리쳤습니다. 그렇지만 그가 과연 한나라의 충신이었을까요?
따라서 우리는 공민왕이 기철을 제거한 진짜 이유가 무엇이었는지, 과연 그는 반원 정책을 썼는지, 기철을 제거하고 공민왕은 어떤 정책을 펼쳤는지 등을 냉정하게 살펴야 할 것입니다. 방금 전까지 이 변호사님이 저희 원고를 괴롭혔으니 저도 피고에게 몇 마디 드릴까 합니다. 어떠신지요?
공민왕　　나는 언제나 무슨 말이든 들을 준비가 되어 있고, 무슨 말이든 할 준비도 되어 있소.
김딴지 변호사　　감사합니다. 그러면 피고는 왜 원고 기철을 제거했는지 말씀해 주시지요.

공민왕 아까 들은 대로, 저 사람이 원나라를 등에 업고 온갖 행패를 부렸으며, 임금을 임금으로 여기지 않았고, 끝내는 역모까지 꾸몄기 때문이지요.

김딴지 변호사 정말 원고가 역모를 꾸민 게 맞습니까?

공민왕 틀림없어요. 당시 그는 공공연히 병사들을 모아 군사 훈련을 했고, 불법으로 무기를 만드느라 개경이 온통 공포 분위기에 휩싸여 있었습니다.

김딴지 변호사 그래요? 그것 참 이상하군요. 역모란 쥐도 새도 모르게 추진해야 하는 일이 아닌가요? 그런데 개경이 온통 어수선해질 만큼 공공연히 병사를 모으고, 훈련을 하고, 무기를 만들었다고요?

공민왕 글쎄요. 그가 왜 그랬는지는 나도 모르지요. 직접 물어보시든지요.

김딴지 변호사 저도 모르겠군요. 그리고 그렇게 살벌한 분위기였다면 누구라도 몸조심을 했을 게 아닙니까? 그런데 원고는 궁중에서 잔치를 벌이니 참석하라는 피고의 지시에도 아무 의심 없이 입궁했어요. 무장도 안 하고, 호위 무사도 없이 말입니다. 덕분에 몇 명의 무사들이 그를 단번에 해칠 수 있었죠. 반역을 꿈꾸고 있는 사람이 그렇게 조심성 없게 행동했을까요?

공민왕 다시 말하지만 왜 그런 바보짓을 했는지 나로서는 알 수 없소. 기철이 원래 그리 똑똑한 사람은 아니었소만.

방청석에서 몇 사람이 킥킥 웃었고, 기철은 얼굴이 빨개져서 '흥'

왜 공민왕의 개혁 정치는 실패했을까?

소리를 냈다.

김딴지 변호사   호오, 그렇군요. 그러면 그 문제는 일단 접어 둡시다. 원고의 목적은 단지 기철 세력을 제거하는 게 다가 아니라 그 배후인 원나라와 관계를 끊으려는 거였단 말씀이죠? 그런데 아까 기황후의 증언도 있었지만, 왜 기철을 제거한 이후 뚜렷한 반원 정책을 이어가지 않았나요?

공민왕　무슨 소리요? ▶나는 이미 즉위한 해에 이연종의 말을 받아들여 몽골식 옷차림과 머리 모양을 없앴고, 기철을 제거한 직후에는 정동행성을 폐지하여 오랫동안 마치 일제 강점기의 조선 총독부처럼 우리나라를 간섭했던 원나라 세력의 본거지를 뿌리 뽑았소. 또 원나라의 연호를 쓰지 않기로 하고, 원나라가 빼앗았던 동북 지방의 쌍성총관부를 공격해서 99년 만에 다시 되찾았소. 더 이상 어떻게 '뚜렷한 반원 정책'을 썼어야 한단 말이오?

김딴지 변호사　겉보기에는 그렇겠죠. 그러나 내용을 하나하나 뜯어 보면 꼭 그렇지만도 않지요.

공민왕　네?

김딴지 변호사　방금 정동행성을 조선 총독부와 비교하셨습니다만, 조선 총독부는 수많은 관리들을 거느리고 실제로 이 땅을 통치했던 기구였지요. 그러나 본래 정동행성은 원나라와 고려의 일본 원정을 위해 임시로 설치된 기구였습니다. 물론 일본 원정 뒤에도 남아서 원나라의 간섭 기구 역할을 하기는 했지만, 변변한 조직도 담당 관리도 없는 이름뿐인 기구였습니다.

그리고 정동행성의 대표는 고려 왕이 대대로 맡기로 되어 있었죠. 피고도 정동행성 참지정사 직함을 갖고 있던 기철을 제거한 다음 원나라에 '본래대로 고려 왕인 제가 정동행성을 이끌었으면 합니다'라고 요청했잖습니까? 흔

히 공민왕이 정동행성을 폐지했다고 알고 있지만, 실제로
는 참지정사와 그의 사무를 맡던 이문소를 없앴을 뿐, 정
동행성은 그대로 남았죠. '피고의' 정동행성으로요.

수복

잃었던 땅이나 권리 따위를 되
찾는 것을 말합니다.

공민왕　　흠.

김딴지 변호사　　쌍성총관부 **수복**이라는 것도 그렇습니다. 지금의
함경남도에 해당하는 쌍성총관부는 원나라와의 전쟁 이래로 여진족
과 몽골족이 들어와 고려인과 뒤섞여 사는 일종의 무법 지대였습니
다. 원나라가 명목상 그 땅을 관리하고 있었을 뿐, 원나라 땅이라고
하기도 어렵고, 그렇다고 고려의 땅이라고 하기도 힘든 모호한 지역
이었죠. 그런데 쌍성총관부가 기철 세력의 본거지처럼 되고 있었지
요. 그래서 피고는 그 지역에서 어느 정도 세력이 있던 이자춘, 나중
에 조선을 세우게 될 이성계의 아버지인 이자춘을 끌어들여 기철 세
력과 맞서게 했습니다. 그리고 기철을 암살한 이후 관군을 동원해
쌍성총관부를 정벌한 거죠. 다시 말해서 그것은 잃어버린 영토를 되
찾은 것이라기보다 기철의 배후 세력을 소탕한 일이었다고 해야 합
니다. 아닌가요?

공민왕　　…….

김딴지 변호사　　그리고 피고 본인에게 투철한 반원 의식이 있었다
면 왜 단번에 원나라와 교류를 끊지 않고, 계속 원나라에 사신을 보
내며 과거와 똑같은 모습을 10년씩이나 보인 건가요?

공민왕　　당시 원나라의 힘이 예전 같지는 않았지만, 그래도 무시
못할 강국이었지요. 그런데 우리가 하루아침에 그들과 적대할 수 있

인당

고려 시대의 장군으로 왜구를 무찔렀고, 원나라의 군대와 함께 홍건적을 물리치기도 했습니다. 쌍성총관부를 수복했지만 원나라 황제가 국경 침입을 구실로 침입해 오자 이에 당황한 공민왕에 의해 모든 죄를 뒤집어쓰고 처형되었다고 합니다.

강중경

고려 시대의 무신으로 공민왕이 원나라에 있을 때 시종이었으며, 기철 일파를 숙청할 때 공을 세웠습니다. 인당과 함께 압록강 서쪽에 있는 원나라 소속의 8참(站)을 빼앗는 임무를 맡았으나, 임지에 도착하여 술에 취해 주정을 부리다가 인당의 부하에게 죽임을 당했습니다.

겠소? 저쪽의 체면을 세워 주면서 차츰차츰 실리를 찾아가는 게 현명한 거지요. 그래서 그렇게 했을 뿐이오.

김딴지 변호사   서북 지방에서 쌍성총관부처럼 원나라의 지배력이 약한 땅을 공략했다가 원나라가 항의하자, 사령관인 인당 장군에게 책임을 물어 그의 목을 베고는, "도적 떼가 제멋대로 쳐들어간 것이지, 저희가 군대를 동원한 게 아니옵니다"라고 변명하며 원나라에 애걸복걸 빈 일도 그런 '현명함'에 해당되나요?

이대로 변호사가 항의를 할까 말까 망설이는 사이, 공민왕은 태연하게 대답했다.

공민왕   인당은 함께 서북면을 지키던 동료이자, 기철을 제거한 공신이었던 강중경을 대단치 않은 일 때문에 처단하는 등 문제가 많은 사람이었습니다. 그래서 겸사겸사 책임을 물었던 것이죠. 원나라에 보낸 문서의 문구가 좀 굴욕적이라고 여겨진다면, 그것은 오늘날의 기준에서 보아서입니다. 그 당시에는 외교 문서에 지나칠 정도로 정중한 표현을 쓰는 게 관례였어요.

김딴지 변호사   하지만…….

공민왕   피곤하군요. 조금 쉬었다 하면 안 되겠습니까?

공민왕은 피곤하다는 듯 옆에 있던 노국 공주의 어깨에 기댔다.

김딴지 변호사는 아쉬운 듯 머뭇거리다가 자리에 앉았다. 그러자 이대로 변호사가 재빨리 일어났다.

이대로 변호사   김 변호사님의 의도와는 달리 공민왕께서 얼마나 신중하고 또 차근차근하게 원나라의 간섭에서 벗어나려 했는지가 방금 질의에서 오히려 드러난 것 같습니다. 그러면 이 사실을 더 분명히 하기 위해 노국 공주를 증인으로 모시겠습니다.

노국 공주는 공민왕을 부드럽게 토닥이고는, 비단 옷깃을 가다듬고 살며시 일어나 증인석으로 가서 선서를 했다.

이대로 변호사   노국 공주님, 안녕하십니까?
노국 공주   네, 안녕하세요.
이대로 변호사   다 아는 사실이지만, 증인은 원나라 황실 출신으로 공민왕과 혼인하셨지요?
노국 공주   네, 원래 이름은 보타실리라고 했죠. 하지만 연경에 볼모로 와 계셨던 폐하와 혼인하고 함께 고려로 온 다음부터는 스스로 고려 사람이라고 여겼답니다. 사실 원나라 황실에서 내려 준 노국 공주라는 이름도 별로 달갑지 않고, 폐하가 지어 준 '가진(佳珍)', 즉 '어여쁜 보배'라는 이름을 더 좋아합니다. 하지만 흔히 알려져 있기를 노국 공주라 하니 그렇게 부르세요.
이대로 변호사   네, 알겠습니다! 제가 알기로는 공민왕과 증인은 한국사에서도 가장 유명한 '잉꼬 부부'이자 '불멸의 사랑'의 주인공이라 하던데요, 그렇지요?

노국 공주　부끄럽습니다.

이대로 변호사　사랑에 무슨 부끄러움이 있겠습니까? 그래서 원나라에서 태어나셨어도 말씀처럼 고려 사람으로 사셨고, 공민왕의 반원 정책도 성심으로 도우셨다고요?

노국 공주　요즘 사람들은 이해하지 못할지 몰라도 그때는 여자가 시집가면 시댁 사람으로 살아야 마땅하다는 믿음이 있었어요. 그리고 내가 사랑하고 또 안타까워하는 분이 목숨까지 바쳐서 하는 일이니 따를 수밖에요.

이대로 변호사　그렇군요. 그러면 공민왕께서 당시 어떤 입장에 처해 있었는지, 아내로서 공민왕은 어떤 분이었는지 말씀해 주시겠습니까?

노국 공주　정말 괴롭고 슬픈 운명을 타고나신 분이셨죠. ▶〈천산대렵도〉나 내 초상화인 〈노국 대장 공주 어진〉을 남긴 것으로도 알 수 있듯이, 폐하는 본래 예술가 기질이 두드러지셨어요. 조용하고 섬세한 것을 좋아하셨고, 서로 헐뜯고, 모략하고, 죽이는 정치판에서 편안함을 느끼실 분은 아니었죠. 하지만 어쩌겠어요? 왕이 되셨으니……. 당신을 키우신 고려와 5백 년 왕실의 운명이 바람 앞의 촛불이며, 그저 당신께 희망을 걸고 있었으니까 결국 폐하는 모든 것을 걸고 개혁에 나섰고, 당연히 반발을 겪으셨죠. 아니, 반발이라기보다 숱한 암살 위

교과서에는

▶〈천산대렵도〉는 공민왕이 그렸다고 전해집니다. 이 그림을 보면 고려의 그림이 원대 북화의 영향을 받았다는 사실을 알 수 있습니다.

험과 역모를 겪었어요. 아까도 나온 이야기지만 덕흥군이라는 자가 원나라 군대를 이끌고 고려에 쳐들어오기도 했고, 가까운 신하가 배신해서 야밤에 침실로 뛰어들어 칼을 휘둘렀으나 가까스로 변을 피하신 일도 있어요. 안팎으로 적이 많았고, 홍건적에 왜구까지 쳐들어왔지요. 늘 믿고 함께 일할 수 있는 신하에 목말라하셨는데 조일신, 김용 등이 한때는 믿음직하게 보이다가 끝에 가서는 폐하를 배신했어요. 신돈 역시 그랬죠.

잠시 말을 멈추고 안타까운 눈으로 공민왕을 바라보던 노국 공주가 다시 말을 이었다.

노국 공주 나는 여인의 몸이라 정치를 직접 도와드릴 수는 없었고, 그저 마음과 몸이 만신창이가 되신 폐하를 끌어안고 다독여 드리는 게 전부였어요. 하지만 그것마저 끝내 뜻대로 되지 않았죠. 몸이 허약해 폐하의 뒤를 이을 아이를 낳지 못하는 게 늘 죄송스러웠는데, 십여 년 만에 아이를 가져서 뛸 듯한 기쁨도 잠시, 나는 그만 아이를 낳다가 숨을 거두고 말았지요. 너무나 가혹한 운명…….

폐하는 애간장이 끊기는 아픔 속에서도 개혁을 밀고 나갔지만, 결국 암살당해 생을 마감하고 말았어요. 그때 나는 기쁘면서도 슬펐답니다. 저승에서나마 폐하와 다시 함께할 수 있어 기뻤고, 폐하가 평생을 바친 개혁이 끝내 아름다운 결실을 보지 못한 채 끝나 슬펐답니다. 저승에서 다시 만난 우리는 몇 날 며칠을 함께 울었지요.

노국 공주는 이야기를 마치고는 울먹이며 저고리 고름으로 눈가를 훔쳤다. 방청석도 숙연한 분위기였다. 이대로 변호사도 감동한 듯 가라앉은 목소리로 물었다.

왜 공민왕의 개혁 정치는 실패했을까?

이대로 변호사   아, 정말 가슴이 아프군요. 안타깝습니다!

노국 공주   어쩌겠습니까, 다 지난 일인걸요.

이대로 변호사   아무튼 증인이 보기에 피고 공민왕의 개혁 의지는 분명하고 확실했다는 말씀이죠?

노국 공주   물론이에요. 평생을 개혁에 바친 분입니다.

이대로 변호사   아까 들으셨겠지만, 원고 측은 피고 공민왕이 원나라를 멀리하려는 듯하면서도 조공을 계속하는 등 이중적인 태도를 보였고, 원나라를 적대한 게 아니라 기철을 제거하고 권력을 강화하려 했을 뿐이라고 주장하는데, 이에 대해서는 어떻게 생각하십니까?

노국 공주   그 시대를 제대로 모르거나 알면서도 왜곡하려는 사람들의 주장이지요. 말씀드렸다시피 고려는 안팎으로 적이 많았고, 도와주는 사람은 거의 없었어요. 그런데 한꺼번에 모든 것을 이룰 수 있나요? 변호사님 말씀대로 원나라나 권문세족을 살살 달래면서 조금씩 실리를 챙길 수밖에요. 물론 폐하가 기철을 없애고 힘을 더 얻은 건 사실이지만, 그것은 원래 임금으로서 당연히 가져야 할 힘이 아니던가요? 그리고 그 힘으로 폐하는 나라와 백성을 위한 개혁을 하셨어요. 그런데도 이러쿵저러쿵하는 사람이 있다면 그건 그 사람의 마음이 순수하지 못한 것이겠지요.

이대로 변호사   네, 맞는 말씀입니다. 이것으로 모든 의문이 정리되지 않았나 싶습니다. 피고 공민왕은 죄가 없습니다. 죄는 그의 시대와 운명에, 그리고 개혁의 필요성에는 공감하면서도 그를 돕기는 꺼렸던 주변 사람들에게 있습니다! 이상입니다.

판사   원고 측은 증인에게 질문이 없습니까?

김딴지 변호사   있습니다! 노국 공주님, 증인과 피고의 애절한 사랑은 저도 잘 알고 있습니다. 하지만 무엇보다 중요한 것은 진실이겠죠.

노국 공주   진실은 이미 다 말했습니다만.

김딴지 변호사   글쎄요, 그것은 객관적 진실이 아닌, 사랑하는 사람의 눈으로 본 진실이 아닐까요?

노국 공주   네?

김딴지 변호사   증인은 방금 피고가 정치가보다 예술가에 어울리는 사람이라고 하셨습니다. 제가 보기에도 그런 것 같습니다. 그렇다면, 예술가의 전형적인 특징은 무엇일까요?

노국 공주   무슨 말씀인지…….

김딴지 변호사   개인차가 있겠지만, 일반적으로 예민한 감수성, 못 말리는 자기중심주의, 고집스러우면서도 대범함은 없고, 행동력이 부족한 한편 시기심은 많은 것이 예술가의 특징 아닌가요?

이대로 변호사   이의 있습니다! 원고 측은 재판에 불필요한 이야기를 하고 있으며, 피고뿐만 아니라 예술가 전체를 모독하고 있습니다!

김딴지 변호사   개인차는 있다고 말씀드렸습니다. 활달하고 시원시원한 예술가도 있겠죠. 하지만 제가 보기에 공민왕은 '전형적인 예술가'였습니다. 그는 열두 살 때부터 몽골에 있었습니다만, 서른 살이 넘어서까지 말을 탈 줄 몰랐다지요?

노국 공주   네, 그건 사실입니다.

왜 공민왕의 개혁 정치는 실패했을까?

김딴지 변호사 그러다가 전쟁이 벌어져 왕실까지 위급한 상황이 되자 그제야 증인에게 말타기를 배웠다고 하더군요.

노국 공주 네.

김딴지 변호사 몽골에서는 걸음마를 할 때부터 말타기를 가르친 다고 들었습니다. 그런데 멀쩡한 어른이 말을 못 타니, 원나라에서 놀림깨나 당하지 않았나요?

노국 공주 그거야…….

김딴지 변호사 그런데도 원나라 사람들의 '마음에 들었다'니, 과연 어떤 행동을 하셨을지 참으로 궁금합니다. 아까 말씀하신 공민왕 암살 미수 사건, 그때도 왕은 내전으로 들어가 이불을 뒤집어쓰고 떨고 있었고, 증인께서 문 앞을 가로막고 계셨다던데요. 증인은 참으로 용감하셨습니다만, 피고 공민왕은 한 나라의 왕으로서 아주 용기가 부족했던 게 아닐지요?

노국 공주는 얼굴을 붉혔고, 공민왕은 눈을 내리깔았다. 방청석에서는 키득거리는 소리가 들렸다.

이대로 변호사 이의 있습니다! 이곳은 법정이지, 인신공격하는 자리가 아닙니다!

김딴지 변호사 피고가 한 나라의 최고 지도자로서, 또 개혁의 선봉으로서 지나치게 나약했음을 밝히기 위해 꼭 필요한 질문입니다!

판사 이의를 일부 인정합니다. 원고 측은 꼭 필요한 부분만 간결하게 질문해 주세요.

김딴지 변호사   알겠습니다. 평소에도 공민왕은 대신들과 정책을 놓고 입씨름을 하고 나면, 녹초가 되어 내전으로 물러가 공주하고만 시간을 보낼 뿐 아무리 급한 일이 있어도 한참을 꼼짝도 하지 않았다고 합니다. 맞습니까?

노국 공주   그런 경우가 종종 있기는 했습니다.

김딴지 변호사   결국 '개혁'이라는 건 해야겠는데, 공민왕의 기질에도 맞지 않고, 끈기와 담력도 부족하고, 그러니 어떻게 했을까요? 조금 전에 증인은 조일신, 김용, 그리고 신돈을 언급하셨죠?

노국 공주   네.

김딴지 변호사   조일신과 김용은 모두 공민왕이 원나라에 있을 때 시중을 들던 사람들로, 그만큼 공민왕과 친했으며 신임을 많이 받았지요. 그래서 공민왕은 그들을 차례로 앞에 내세워서 큰 권력을 주고는 다른 힘센 신하들을 억누르고 제거하는 역할을 맡겼습니다. 그러나 그 뒤끝은 결코 좋지 않았죠. 조일신은 기철을 제거하는 데 앞장선 후 한때 권세가 대단했지만 얼마 후 역모의 죄를 쓰고 제거되었습니다. 김용은, 정세운, 안우, 이방실 등 유력한 무신들을 없애는 역할을 하고, 얼마간 세도를 누린 후 역모죄로 사라졌지요.

  신돈 역시 마찬가지 길을 걸었습니다. 공민왕은 원로 지식인인 이제현이나 명성이 자자했던 최영 장군 등은 멀리하면서도, 출신이 보잘것없기 때문에 오히려 자기 세력을 만들기 힘들다 여겨진 신돈만은 발탁하여 어마어마한 벼슬을 내리고 개혁의 선봉에 세웠죠. 하지만 얼마 후 그 역시 역모를 꾸몄다는 혐의를 받고 허무하게 처형되고 맙니다. 왜 이런 일이 반복되었을까요?

노국 공주 ······.

김딴지 변호사 '이이제이(以夷制夷)'라는 말이 있지요. 오랑캐를 부추겨 다른 오랑캐를 물리친다. 공민왕은 특정 신하에게 힘을 몰아주어 다른 신하들을 제압하는 방법을 썼던 것이죠. 하지만 토사구팽(兎死狗烹), 토끼 사냥이 끝나면 사냥개를 삶아 먹는다 했던가요? 힘을 실어 준 신하가 목표를 제거하면 이번에는 그 신하가 제거될 차례였습니다. 그렇게 해서 공민왕은 한때나마 강력한 왕권을 가질 수 있었죠.

노국 공주 ······.

김딴지 변호사 공민왕은 한동안 정치를 그 '사냥개'에게 맡겨 두고 뒤로 물러앉아 쉴 수도 있어 더욱 좋았습니다. 하지만 반드시 사냥개를 삶아 먹을 때가 오죠. 안 그러면 힘이 세진 사냥개에게 잡아먹힐 수도 있으니까요!

그런 일이 반복되자, 신하들은 왕을 믿지 못하게 되었죠. 오늘은 왕이 '자네밖에 없네' 하며 모든 것을 맡긴다고 하지만, 언제 또 역모죄로 비참하게 죽을지 모르니까요. 따라서 공민왕의 개혁에는 진심으로 따르는 사람들이 없어졌고, 조정은 늘 겉 다르고 속 다른 태도와 음모가 날뛰는 곳이 되었죠. 이 모두가 공민왕의 유별난 기질과 모자란 리더십의 결과가 아니겠습니까! 공민왕이 개혁에 실패한 책임은 다른 누가 아니라 공민왕 자신이 져야만 합니다.

노국 공주 어떻게 보아도 좋습니다. 하지만 폐하가 진심으로 개혁을 열망했고, 있는 힘을 다해 노력한 것만큼은 내가 양심을 걸고 보장하겠습니다. 그리고 믿었던 신하들에게 차례로 배신당한 일은, 폐하의 리더십 부족이라고 생각할 수도 있겠지만, 뭐라 해도 나는 폐하께 운이 없었기 때문이라 여깁니다. 폐하의 개혁이 성공하지 못한 일에 가장 책임을 져야 할 사람은 폐하 자신이 아니라고, 나는 아직도 믿고 있습니다.

결연하고 담담하게 말하는 노국 공주에게 김딴지 변호사도 더 이상 질문을 하지 않았다. 피고석 옆으로 돌아간 공주가 공민왕에게 증언을 더 잘하지 못해 죄송스럽다고 말하자 공민왕은 정말 기쁘고 자랑스럽다고 대답했다. 두 사람을 지켜보는 방청석의 눈길이 따스했다.

판사 오늘은 여기서 첫 번째 재판을 마무리 짓겠습니다. 다음에는 공민왕의 개혁을 구체적으로 알아보는 내용으로 재판이 이어질 것입니다.

땅, 땅, 땅!

왜 공민왕의 개혁 정치는 실패했을까?

다알지 기자

　　시청자 여러분, 안녕하세요? 저는 법정 뉴스의 다알지 기자입니다. 잘 아시는 대로 고려의 공민왕을 상대로 친원파로 유명한 기철이 소송을 걸었는데요, 방금 첫 번째 재판이 막 끝났습니다. 오늘 원고 측에서는 흔히 생각하는 것처럼 원나라와 고려의 관계가 나쁘지 않았다는 점을 제시했군요. 그리고 공민왕이 기철을 제거한 것은 개혁이라기보다 자신의 권력 욕심 때문이었다고 주장했습니다. 이에 맞서, 피고 측에서는 반원 정책은 충분한 의미가 있었음을 강조했습니다. 그럼 원고 측과 피고 측 증인들을 만나 이야기를 나눠 보겠습니다.

기황후

　　공민왕의 실체가 밝혀져 속이 다 시원하네요.
공민왕이 여자 치맛자락에나 매달려 있다가 조금
만 세력을 키웠다 싶으면 몰래 배신해서 없애 버리는
소인배라는 걸 이제 모두 알았겠죠. 그나저나 이대로 변호사, 말은 잘
하더라고요. 내가 성격이 급해서 이대로 변호사의 말을 듣다 보니 확
짜증이 나서 더 이상 앉아 있을 수가 없었어요. 아무튼 우리 오빠가 이
겨야 할 텐데, 내가 증언을 차분하게 하지 못해서 도움이 되었는지 모
르겠어요. 뭐, 이젠 할 수 없지요. 남은 재판에서 응원이나 열심히 해야
겠어요. 당연히 오빠가 이기겠지만요.

노국 공주

기황후에게 꼭 한마디 하려고 따라 나왔는데, 인터뷰에서조차 제 말만 하고 사라졌군요. 여자 치맛 자락에 매달려서 위세를 떨던 사람이 누군데……. 아무튼 나도 오늘 증언을 잘했나 걱정이에요. 가엾으신 분! 살아서도 별로 행복하지 못하고 늘 음모와 위협에 시달리셨는데, 돌아가신 뒤에도 편히 쉬지 못하시다니! 빨리 재판이 끝났으면 좋겠어요. 재판 결과야 당연히 이기겠지요. 나는 누구보다도 공민왕 폐하를 믿으니까요.

공민왕의 개혁이란
어떤 것이었을까?

1. 공민왕의 개혁은 백성을 위한 것이었을까?
2. 공민왕의 개혁에는 어떤 문제가 있었을까?
3. 공민왕은 왜 신돈을 버렸을까?

1

공민왕의 개혁은
백성을 위한 것이었을까?

판사   두 번째 재판인데 그동안 원고와 피고 측 모두 준비를 잘하셨으리라 믿습니다. 그러면 오늘의 재판을 진행하지요. 오늘은 피고 공민왕이 원고 기철을 제거한 다음 시해되기까지, 그 기간 동안 공민왕이 추진했다는 개혁의 성격은 무엇인지, 그 개혁은 과연 정당성이 충분한 것이었는가를 주로 살펴볼 것입니다. 그러면 원고 측과 피고 측, 어느 분부터 이야기하겠습니까?

이대로 변호사   김 변호사님, 저부터 시작해도 될까요?

김딴지 변호사   마음대로 하세요.

판사   그럼 피고 측부터 시작하십시오.

이대로 변호사   먼저 공민왕 폐하의 개혁 정책을 간단히 소개해 드리겠습니다. 사실 반원 정책이야말로 나라와 백성을 살리는 중요한 개혁 정책이지만, 그 부분은 첫 번째 재판에서 많이 살펴봤으니 넘어가고, 그 밖의 개혁에 대해 말씀드리지요.

▶우선 1352년에 정방을 없앴습니다. 정방이란 무신 정권 때 만들어진 기구로, 무신 집권기에는 무신들이 임금을 따돌리고 자기네끼리 정치를 하기 위한 기구였으며, 원 간섭기에는 권문세족과 친원파들이 나라를 좌지우지하는 곳이었지요. 이를 127년 만에 폐지하여 정치를 다시 임금과 정식 관료들의 손에 되돌려 놓은 것입니다.

또한 그해에 관리들에게 각 기관의 주요 업무를 5일에 한 번씩 보고하라고 하고 '서연'을 열었습니다. 서연이란 조선 시대의 '경연'처럼 임금과 신하들이 한자리에 모여 유교 경전을 공부하고, 그 속에 담긴 지혜와 원칙을 현실 정치에 어떻게 적용할지를 토론하는 자리입니다.

1366년에는 **전민변정도감**을 설치했습니다. 전민변정도감은 '토지(전)와 노비(민)의 잘못된 사항을 바로잡는 기관'이라는 뜻이에요. 당시 권문세족은 힘없는 백성의 토지를 마구 빼앗아 토지를 늘릴 뿐 아니라 그들을 노비로 삼고 있었습니다. 그런 토지를 원래 주인에게 돌려주고, 죄 없이 노비가 된 백성을 풀어 주는 기관이 바로 전민변정도감이었지요.

1368년에는 순자격제를 실시했습니다. 순자격제란 관리가 된 다음 일정한 시간이 지나면 승진하도록 하는 제도인데, 그때까지는 원나라의 환심을 산 사람이거나 권문세

전민변정도감
고려 후기 권세가들에게 억울하게 땅을 빼앗기거나 노비가 된 자들에게 토지를 돌려주거나 양민으로 되돌리기 위해 설치한 기관입니다.

교과서에는

▶ 공민왕은 반원 자주 정책이 권문세족의 반발로 무산될 위기에 놓이자, 왕권을 제약하고 신진 사대부의 등장을 막았던 정방을 폐지했습니다.

족의 자제라면 나이나 근무 연수에 상관없이 승진을 하고, 그렇지 못하면 아무리 열심히 오래 근무해도 승진하기 힘들었습니다. 그러니 아주 훌륭한 개혁 조치였지요.

▶또한 국립 대학이었던 성균관을 크게 확장하고, 유명무실해져 있었던 과거 제도를 개선하여 젊고 개혁적인 선비들이 조정에 많이 들어올 수 있도록 했습니다.

이 밖에도 여러 가지가 있습니다만, 이렇게 간단히 설명하면 당시 공민왕의 개혁 정책이 얼마나 큰 의미가 있었는지 이해가 잘 되지 않을 것 같네요. 그래서 증인 한 분을 모셨습니다. 한국학의 제일인자로 생전에 명성이 자자했던, 제임스 팔레 교수님입니다.

백발에 안경을 쓰고 양복을 입은 제임스 팔레가 겨드랑이에 책을 끼고 걸어 나왔다. 팔레는 외국인 증인에게 호기심을 보이는 방청객들 앞에서 담담하게 증인 선서를 했다.

이대로 변호사   교수님, 안녕하십니까? 팔레 교수님은 여기 계신 피고, 원고나 대부분의 증인과는 달리 최근에 세상을 떠나셨지요? 저승 생활에 적응이 잘 되십니까?

팔레   오우, 괜찮습니다. 1934년에 태어나서 2006년에 죽었는데, 평생 연구하다 보니 여기서도 계속 연구만 하고 지냅니다. 책으로만 대하던 옛날 인물들을 직접 만나서 인터뷰할 수 있으니, 죽어서 다행이라는 생각마저 드는군요.

이대로 변호사　　역시 학문에 평생을 바친 분답습니다. 증인은 미국 분이지만 하버드 대학교에서 박사 학위를 받은 후 수십 년 동안 한국 역사를 연구하셨지요? 그래서 한국인보다 더 한국 역사를 잘 아는 미국인이자 해외 한국학의 최고봉으로 유명하셨지요.

팔레　　뭘요. 그냥 연구하는 게 좋았고, 젊어서 선택한 주제가 한국사였기에 죽을 때까지 파고들었을 뿐입니다. 유명하다고 치켜세우시니 쑥스럽네요.

이대로 변호사　　하하. 한국사에 통달한 분이라 한국인 특유의 '겸손의 미덕'도 통달하신 듯합니다. 그러면 몇 가지 여쭤 보겠습니다. 공민왕의 개혁 정책을 한마디로 어떻게 평가할 수 있을까요?

팔레　　한마디로? 네, 분명 한국 역사상 가장 적극적이고 실질적인 개혁이었다고 할 수 있지요.

이대로 변호사　　오! 그 정도로 훌륭했나요?

팔레　　그렇답니다. 한국사에서 개혁을 하자는 이야기는 매우 많았습니다. 그러나 실제로 백성에게 도움이 되는 개혁을 추진한 경우는 많지 않습니다. 공민왕의 개혁은 명분과 실제가 맞아떨어지는, 나라와 백성이 모두 잘되는 개혁의 귀중한 사례이지요.

이대로 변호사　　오오! 저도 그 정도인 줄은 몰랐는데요, 조금 더 구체적으로 설명해 주시겠습니까?

팔레　　▶전민변정도감에서 토지와 노비를 해방하는 개혁을 하지 않았습니까? 아시다시피 무신 정권 시대부터 고

교과서에는

▶ 권문세족은 왕의 측근 세력들과 함께 농장을 확대하고 양인들을 억압하여 노비로 삼았습니다. 고려는 관료의 인사와 농장 문제 같은 여러 가지 폐단을 바로잡기 위해 충선왕 때부터 개혁을 시도했지만 원의 간섭을 받고 있는 상황에서 철저하게 추진하기 힘들어 실패하고 말았습니다.

전시과

고려 시대에 관직이나 신분에 따라 문무 관리들에게 차등적으로 지급하던 토지 제도를 말합니다. 이때 토지를 관리에게 직접 주는 것이 아니라, 해당 토지에 대해 조세를 거둘 수 있는 권리를 주었습니다.

노비추쇄도감

고려·조선 시대에는 공노비 중에서 도망자들이 많이 생겨났는데 이로 인해 국가의 수입이 감소하고 왕권이 약화되기도 했습니다. 노비추쇄도감은 도망간 공노비들을 색출하던 관청입니다.

교과서에는

▶ 공민왕은 전민변정도감을 설치하고 한미한 출신의 승려였던 신돈을 등용하여 권문세족이 부당하게 차지하고 있던 토지와 노비를 본래의 소유주에게 돌려주거나 양인으로 해방시켜 주었습니다.

려 고유의 토지 제도인 전시과 제도가 무너진 이후 권문세족은 꾸준히 대토지를 소유했어요. 그 결과 권문세족의 토지는 산과 강을 경계 삼았고, 하루 종일 걸어도 한 사람의 소유지를 다 돌 수 없을 정도였다고 합니다. 별로 넓지도 않은 땅에서 몇몇 권세가들의 손아귀에 그렇게 많은 토지가 들어갔으니 일반 백성은 어떻게 살았을까요? 옛날에는 토지가 유일한 생활의 수단이다시피 했는데 말입니다.

전민변정도감은 그런 귀족들의 대토지를 가르고 덜어서 백성에게 나누어 주었습니다. 백성들은 얼마나 기쁘고 행복했을까요?

이대로 변호사   환호하는 백성들의 모습이 눈에 선하군요.

팔레   또한 노비 제도에도 사상 처음으로 실질적인 제한이 가해졌지요. 한국 역사에서 가장 부끄러운 부분이 있다면 바로 노비 제도일 겁니다. 고대 로마나 미국 남부에서는 피부색과 언어가 다른 이방인을 노예로 썼지만, 한국인은 오랫동안 자신들과 전혀 다를 게 없는 동포를 사고팔 수 있는 노비로 부렸으니까요.

▶그런데 나중에 전민변정도감에 합해지는 노비추쇄도감에서 억울하게 권문세족의 노비가 된 양민들을 풀어 준 거죠! 자유를 얻은 사람들이 얼마나 기뻤으면 당시 도감의 업무를 총괄했던 신돈에게 '성인이 나셨다!'고 칭송했을까요?

이대로 변호사   정말 그렇군요! 그러면 백성은 확실히 개혁의 덕을 본 셈인데, 국가적으로는 어땠을까요?

팔레　국가 역시 좋아질 수밖에 없었지요. 권문세족에게 비정상적으로 집중되어 있던 토지와 백성이 자유를 찾으니까, 세금을 내고 병역에 응할 자원이 그만큼 많아지지 않았겠습니까? 아울러 반원 개혁으로 원나라의 경제적·군사적 요구에서 벗어날 수 있었던 것도 무너질 지경이었던 국가 재정과 국방력에 숨통을 틔워 주었죠. 조선 시대의 세종 때도 그랬듯, 제대로 된 개혁과 정치는 나라와 백성 모두에게 도움이 되기 마련입니다.

이대로 변호사　공민왕이 얼마나 훌륭한 분이셨는지 이제야 제대로 알겠습니다. 그러면 마지막으로 한 가지 의문이 있습니다.

팔레　뭐죠?

이대로 변호사　방금 백성들이 신돈을 성인이라고 칭송했다는 말씀을 하셨는데, 이 개혁이 사실 공민왕보다 신돈의 개혁이라는 말도 있거든요. 그 점을 어떻게 봐야 할지요?

팔레　신돈의 역할을 부정할 수는 없겠지요. 하지만 왕의 뜻과 상관없이 신돈 혼자서 그렇게 큰 개혁을 추진해 나갔다고 보기는 어렵지요. 또 공민왕은 신돈이 집권하기 전인 즉위 초부터 계속해서 개혁을 해 왔어요. 따라서 이를 '공민왕의 개혁'이라 부른다고 해서 잘못은 없다고 봅니다.

이대로 변호사　네, 그렇군요! 정말 감사합니다. 질문은 이것으로 마치겠습니다.

이대로 변호사가 만족한 얼굴로 자리에 앉자, 곧바로 김
딴지 변호사가 일어섰다.

김딴지 변호사   안녕하십니까, 빨래 선생님? 아, 이런, 실
례했습니다. 빨래가 아니라 팔레 선생님이지요. 제가 귀가
좀 어두워서. 유명한 한국사 전문가라는 말씀은 들었습니다.

팔레   오우, 유머가 있으신 분이군요. 그래, 뭘 묻고 싶으시죠?

김딴지 변호사   아, 네. 뭐 제가 선생님만큼 역사를 많이 알겠습니까
만 방금 말씀하시는 걸 듣자니 좀 이상한 부분이 있어서 말이죠.

팔레   오우? 그게 뭐죠?

김딴지 변호사   공민왕의 전민변정도감이 한국 역사상 가장 훌륭
한 개혁이라고 하셨는데, 제 생각에는 좀 미흡하달까, 어설프달까
그렇거든요?

팔레   왜 그렇게 생각하지요?

김딴지 변호사   그때는 왕의 일시적인 관용 덕분에 땅과 노비가 일
부 해방되었지만, 오래오래, 누가 왕이 되든 상관없이 백성의 재산
과 인권이 보호받는 시스템은 찾아볼 수 없지 않습니까?

팔레   흐음.

김딴지 변호사   그에 비해 공민왕 사후, 조선 건국의 주역들이 고안
해 낸 과전법 같은 제도는 보다 영구적인 시스템을 수립한 것이라고
할 수 있겠지요.

팔레   과전법요? 나는 그렇게 생각하지 않습니다. 과전법은 전민

변정도감보다 더 체계를 갖추었을지 몰라도, 더 실속이 없고 지속성도 없는 제도 개혁입니다.

김딴지 변호사   왜, 왜 그렇죠?

팔레   ▶과전법이란 간단히 말해서 관리들에게 토지를 나눠 주는 제도지요. 고려 초기의 전시과와 과전법이 다른 점은 퇴직 관료에게도 토지를 주었다는 정도인데, 전시과 체제가 붕괴한 후 엉망이 되어 있던 고려의 토지 제도를 다시 정리한 점은 인정합니다. 하지만 거기에는 백성에 대한 배려가 별로 없어요.

실제 토지를 일구는 백성이 그 토지의 소유권을 갖지 못하는 것은 전시과나 과전법이나, 그리고 권문세족들의 제멋대로인 체제나 똑같은 거죠. 다만 과전법은 권문세족들의 실질적인 토지 소유를 부정하고 수조권, 즉 토지에서 세금을 거둬 중앙에 납부하는 권한만을 인정한 것인데, 이로써 일반 백성의 숨통이 잠시 트이기는 트였겠죠.

김딴지 변호사   그러면 좋은 것 아닙니까?

팔레   하지만 생각해 보세요. 관리는 자꾸 늘어나는데 퇴직자까지 모두 토지를 나눠 주니 토지가 남아나겠습니까? 그러니 결국 조선 세조 때 과전법이 직전법, 즉 퇴직자를 빼고 현직 관료에게만 토지를 주는 방식으로 바뀐 것이 아니겠어요? 하지만 그것도 역부족이어서 결국 16세기경에는 직전법마저 무너지고 말았지요. 그래서 고려 말처럼 지독한 형태는 아니지만 실질적인 대지주와 소작 농민의 체제로 돌아가 버리죠.

교과서에는

▶ 조선을 건국한 혁명파는 창왕을 몰아내고 공양왕을 세우면서 정치적으로 실권을 잡았습니다. 이들은 당시 최대의 쟁점이었던 전제 개혁을 단행하여 과전법을 마련했습니다. 이로써 권문세족의 경제적 기반을 무너뜨리고 자신들의 지지 기반을 확대했지요.

교과서에는

▶ 온건 개혁파는 비리의 핵심 세력들을 없애고 대토지 소유를 정리하되, 왕조의 질서를 파괴하거나 전면적인 토지 제도를 개혁하는 것에는 반대했습니다. 반면 급진 개혁파는 역성 혁명을 찬성하면서 권세가들에 의한 토지 사유를 축소시키고자 했습니다.

김딴지 변호사　　으음……. 저는 고려 말기 신진 사대부의 대표적이고 핵심적인 개혁이 과전법이라고 알고 있었는데요.

팔레　　당시 신진 사대부 중에서 이색 같은 사람은 제도 자체를 새로 세우기보다 엉망이 된 토지 소유 상태를 바로잡기만 하자고 했고, 조준 같은 사람은 새로운 제도를 만들어야 한다고 했죠. ▶이것이 '온건파와 급진파'라고 알려져 있지요. '급진파'가 과전법을 만들고 조선을 세우는 주역이 되면서 고려에서 조선으로 넘어가는 과정에 아주 큰 변화가 있었던 것처럼, 백성이 아주 살기 좋아진 것처럼 인식하기 쉬운데 사실 백성의 입장에서는 별 차이가 없었지요.

김딴지 변호사　　음……. 하지만 그래도 왕이 마음 먹기에 따라 좋아지기도 하고 나빠지기도 하는 경제 개혁은 너무 불안정해 보입니다.

팔레　　그건 그렇지만 결국 중요한 것은 정책을 추진하는 사람의 의지겠지요. 신진 사대부들도 온건과 급진을 가리지 않고 말하지 않았습니까? 제도보다는 제도를 운용하는 사람이 중요하다고요.

김딴지 변호사　　…….

팔레　　또한 노비 문제를 살펴보면 조선으로 넘어가는 과정에서 그나마 제도 개선의 움직임조차 없습니다. 조선 후기에 실학자들이 중심이 되어 노비 제도를 없애자는 주장을 이따금 했지만, 결국 신분 제도가 완전히 철폐된 것은

조선이 무너질 때가 다 되어서였죠.

　그런 점에서 비록 노비 제도 자체를 부정한 것은 아니라 해도, 실질적으로 수많은 노비들을 자유의 몸으로 만든 공민왕의 개혁은 높이 평가해야 마땅합니다.

김딴지 변호사　　제가 어지간해선 논쟁에서 안 지는데……. 역시 한국학의 최고봉이시다 보니 만만치가 않군요. 알겠습니다. 팔레 선생님에 대한 질문은 이만 마치고, 공민왕 개혁의 다른 면이랄까, 그림자랄까 하는 점을 다른 증인을 통해 알아보겠습니다.

　팔레가 공민왕과 이대로 변호사의 감사 인사를 받으며 퇴장하자, 이어서 눈빛이 매서운 선비가 꼿꼿한 자세로 입정했다.

김딴지 변호사　　피고 쪽에서 현대의 석학을 모셔 오셨으니, 저는 원고, 피고와 동시대의 지식인 한 분을 모시고자 합니다. 바로 이존오 선생님입니다!

　이존오는 날카로운 눈빛으로 법정을 휙 둘러보더니 아무도 예상치 못한 행동을 했다. 증인석도 원고석도 아닌 피고석으로 걸어가더니, 피고인 공민왕 앞에 넙죽 큰절을 올린 것이었다.

이존오　　폐하, 그동안 옥체 무양하셨나이까? 소신 이존오입니다!

뜻밖의 행동에 공민왕도 당황해서 뭐라고 말을 못하고, 판사도 김딴지 변호사도 입을 딱 벌리고 바라만 봤다. 잠시 후 이존오는 일어서서 옷매무새를 가다듬고 판사에게 고개를 꾸벅 숙이고는 증인석으로 갔다. 그러고는 침착하게 증인 선서를 했다.

김딴지 변호사　　아, 안녕하십니까. 이존오 선생님?

이존오　　변호사님, 안녕하시오?

김딴지 변호사　　네, 그나저나 좀 엉뚱하시군요. 원고 측 증인이 피고에게 큰절이라니!

이존오　　유학을 공부한 선비로서 생전에 모시던 분께 예의를 표하지 않을 수 없었소. 하지만 그것과 나의 증언은 별개요. 나는 오로지 진실만을, 추호의 거짓도 없이 증언할 테니 염려하지 마시오.

2

공민왕의 개혁에는
어떤 문제가 있었을까?

김딴지 변호사   증인을 모르는 분들이 많을 테니, 우선 간단한 소개부터 하지요. 증인 이존오는 신진 사대부의 한 사람으로, 공민왕 시절에 관리로 근무하셨죠?

이존오   그렇소. 나는 1341년에 태어나 1360년에 과거에 급제하고, 우정언의 자리까지 올랐지요. 정몽주, 정도전, 권근 등 이른바 신진 사대부와 교분이 두터웠고요.

김딴지 변호사   네, 그런데 다른 분들과 달리 고려에서 조선으로 바뀌는 과정에서는 별다른 역할을 하지 못하셨는데, 왜 그랬을까요?

이존오   그거야 그때가 되기 전에 이미 세상을 떠났으니 그렇지요. 모두가 저 몹쓸 수여우, 신돈 때문이었소!

김딴지 변호사   신돈요?

왜 공민왕의 개혁 정치는 실패했을까?

이존오　　그렇소. 그 <u>요승</u>! 그 간악한 인간이 임금을 홀려 짐짓 살아 있는 부처라도 된 듯 행세하면서 뒷구멍으로 별별 부정한 짓을 저지르고, 끝내는 임금을 업신여기더니 역모까지 꾀하지 않았소? 나는 1366년에 그 사악함을 임금께 고발했다가 거꾸로 노여움을 사고 말았소.

　　나라를 망치는 쥐새끼를 보고도 어찌할 수 없는 원한과 울분이 병이 되어 그만 서른하나의 나이에 세상을 떠나고 만 거요. 죽기 직전까지도 "신돈이 망했다는 소식이 아직도 없느냐? 나는 반드시 신돈이 망하는 걸 보고 죽으리라"고 되뇌었소. 그 늙은 여우에 대한 나의 분노가 얼마나 컸는지 아시겠소?

김딴지 변호사　　음, 하지만 앞서 증언을 하셨던 분은 공민왕의 개혁이 한국 역사상 유례를 찾아보기 힘들 만큼 훌륭했으며, 신돈의 공이 컸다고 말씀하셨는데요?

이존오　　아니, 누가 그렇게 무식한 소리를 한단 말이오?

김딴지 변호사　　현대의 석학이라고 불리는 분인데…….

이존오　　흥! 그 사람이 석학이면 난 석탄이오.

김딴지 변호사　　네, 네……?

이존오　　내 호가 석탄(石灘)이란 말이오. 공주의 석탄이라는 곳에서 은둔하며 밤낮으로 신돈을 욕하다가 그렇게 호를 붙였다오. 아무튼 현대인이 당시 일을 알아봤자 얼마나 알겠소? 신돈은 본래 계집종의 아들로, 무식하기 짝이 없는 자요. 그런 인간이 어떻게 정책을 만들고 개혁을 계획하겠소? 폐하의 말씀을 앵무새처럼 따라하는 대

우정언
고려 시대 종6품에 해당하는 관직입니다.

요승
도리와 이치를 어지럽히는 요사스러운 승려를 말합니다.

변인에 불과했거늘 공이 크긴 뭐가 크단 말이오? 하긴 그 빡빡 깎은 머리는 공처럼 크고 둥글더만.

김딴지 변호사   하하, 그러면 공민왕은 분명 훌륭한 개혁을 추진하였고, 다만 신돈에게는 공로가 없다는 말씀이신가요?

이존오   음……. 글쎄올시다. 꼭 그렇다고는 할 수 없소. 왜냐하면 폐하의 개혁 자체에도 문제가 없지 않았으니…….

김딴지 변호사   문제요? 어떤 문제가 있었죠?

이존오   ▶정방을 없애고 정동행성 이문소를 폐지하여 왕권을 친원파와 권문세족의 손에서 많이 되찾아 오지 않았소? 그러면 그 왕권을 누가 봐도 바람직하게 쓰셨어야 하는데, 사치와 향락, 불필요한 토목건축이며, 화려하지만 실용적이지 않은 행사 등에 국력을 낭비하신 면이 상당해요.

김딴지 변호사   오, 그랬군요! 좀 더 구체적으로 말씀해 주시죠.

이존오   음, 가령 1361년, 홍건적의 침입 때문에 개경을 버리고 피란을 가시던 때였소. 임금과 대신들도 고달팠겠지만 전쟁으로 가장 괴로운 사람들은 바로 백성 아니었겠소? 그런데 기분 전환을 한다며 피란길에 호숫가에 배를 띄우고 화려한 잔치를 벌였소이다!

김딴지 변호사   저런!

이존오   백성이 구름처럼 모여들어 그 뱃놀이를 구경했는데, 어디 즐거운 마음으로 보았겠소? '나라가 위기에 빠지고 우리 백성은 맞아 죽거나 굶어 죽는데, 임금께서는 참 즐겁기도 하신가 보다'라고 여기지 않았겠소? 부끄러

교과서에는

▶ 공민왕은 고려의 내정을 간섭하던 정동행성 이문소를 폐지했습니다.

왜 공민왕의 개혁 정치는 실패했을까?

운 일이었지요.

　그뿐 아니라 폐하께서는 심지가 굳지 못하셔서 그런지, 불교를 열심히 믿어서 불교 행사에 정말 어마어마한 예산을 쏟아붓곤 하셨지요. 초기에는 보우라는 중을 가까이하여 한 번 법회를 열면 옥으로 만든 염주며, 은으로 만든 **바리때**며, 비단 **가사**며, 눈이 휘둥그레질 만한 것들이 마구 넘쳐났죠. 대체 그런 것들이 불교의 가르침과 무슨 상관인지…….

　또 나중에는 신돈에게 빠져서는 한 달이 멀다 하고 사치스런 법회를 열었는데, 한번은 절 한가운데에 비단을 수없이 풀어 엮어서 산을 만들었지요. 뭐 불경에 나오는 '수미산'이라나요? 그 비단 수미산 주변을 기둥처럼 거대한 촛불 수백 개로 둘러서 밤을 대낮처럼 밝히고, 비단과 금실로 꽃과 새를 만들어 날렸으며, 화려하게 차려입은 중들이 빙빙 돌며 노래를 부르게 하니 장관은 장관이었죠. 그러나 이 모두가 태평성대가 아니라, 나라의 재정은 바닥을 보이며 굶어 죽은 백성의 시체가 사방에 널린 시대였단 말이올시다!

김딴지 변호사　　으음, 몰랐던 사실이군요.

이존오　　또 잘 아시겠지만 폐하는 노국 공주를 극진히 사랑하셨소. 그건 좋지만 그분이 돌아가시자 슬픔이 지나쳐 병이 나실 정도가 되었는데, 초상화를 친히 그려 밤낮으로 바라보며 지내신 것은 그렇다고 해도 나라의 재력을 탈탈 털어서 공주를 모시는 거대한 **영전**을 세우신 거요! 나중에 들으니 인도라는 나라에서는 샤자한이라

바리때
절에서 쓰는 승려의 공양 그릇을 말합니다.

가사
승려가 장삼 위에, 왼쪽 어깨에서 오른쪽 겨드랑이 아래로 걸쳐서 입는 법의(法衣)입니다.

영전
이미 죽은 사람이나 신의 영혼을 모셔 놓은 자리를 말합니다.

는 임금이 사랑하는 왕비를 위하여 **타지마할**이라는 거대하고 호화로운 무덤을 만들었다고 하더이다. 그 때문에 나라의 살림이 어려워지고 민심이 떠나서 결국 왕은 역모로 왕위를 잃었다지요. 폐하께서 하신 일도 그와 비슷하지 않습니까?

가장 훌륭한 영전을 짓도록 하라!

넷!

왜 공민왕의 개혁 정치는 실패했을까?

한 번도 아니었어요. 당시 동원할 수 있었던 재력과 기술력을 전부 동원해서 영전을 완성하니, 폐하는 규모가 작다며 헐고 다시 지으라 하시고, 또 지었더니 앞부분이 마음에 안 드신다며 또다시 지으라 하시고……. 공주에 대한 큰 사랑과 완벽을 추구하는 예술가적 기질 때문이었겠지만, 덕분에 고통받는 사람은 따로 있었던 거 아니겠소?

타지마할
인도 아그라에 있는 이슬람 묘당(墓堂)입니다. 무굴 제국의 제5대 황제인 샤자한이 사랑하는 왕비가 죽자 그녀를 위해 세운 것입니다. 후에 황제도 그곳에 묻혔습니다.
자제위
공민왕 때, 왕의 신변을 보호하고 인재를 양성하기 위해 궁중에 설치한 기관입니다.

이존오가 열을 올리며 비판하자 공민왕은 눈을 감았다. 옆에 있던 노국 공주는 고개를 푹 숙이고 말이 없었다.

이존오 　그래도 내가 조정에 있던 무렵까지는 그래도 나왔는데, 마지막 몇 년 동안은 술과 노래로 세월을 보내시고, 미소년들을 뽑아 자제위라는 걸 만드셨다고 합니다. 결국 돌아가신 것도 그 때문이었죠. 자제위의 홍륜이라는 자가 폐하를 시해했거든요.

방청석이 웅성대자 노국 공주는 안절부절못했고, 공민왕은 눈을 감은 채 꼼짝도 하지 않았다.

김딴지 변호사 　그렇군요! 그럼 사치와 향락을 자제하지 못한 점이 공민왕의 유일한 결점이었나요?

이존오 　그뿐만이 아니오.

김딴지 변호사 　또 있습니까?

이존오 　정치란 공명정대해야 하는 법이지요. 따라서 나라도 민족도 모르는 친원파나 자기 배를 채우는 것 말고는 아무 관심도 없는 권문세족을 조정에서 몰아낸 것은 아주 잘한 일이오. 그런데 그 대신 누가 임금을 도와 정치를 했어야 했겠소?

김딴지 변호사　　음……, 글쎄요?

이존오　　당연히 우리 사대부들이 아니겠소? 우리야말로 배운 것도 많고, 누구보다 깨끗하고, 개혁의 열기가 넘치는 사람들이 아니었냐 말이오. 물론 성균관을 다시 짓고, 과거 제도를 개선하는 등 어느 정도는 사대부를 키우기 위해 노력하셨소. 하지만 간사한 무리를 너무 많이 곁에 두셨지.

김딴지 변호사　　신돈 말씀이신가요?

이존오　　그 인간이야 말할 것도 없고! 그 밖에 아까 이야기한 보우라든가, 나옹이라든가 하는 중들, 또 조일신이니 김용이니 하는 소인배들, 그리고 환관 나부랭이들이며, 출신도 분명치 않은 천한 인간들까지……. 공민왕 폐하는 그런 인간들이 뭔가 있는 척하고, 가까이에서 아부를 떨고, 그러면 너무 쉽게 마음을 내주셨어요!

　그러다 보니 그들이 또 다른 권문세족이 되어 부정부패를 일삼았고, 백성을 괴롭히는 일이 되풀이될 수밖에! 더구나 당시 불교 쪽 사람들은 하도 썩어서 대대적인 개혁이 필요했는데, 그들이 오히려 '개혁의 선봉'이라 하니, 뜻있는 사대부라면 도저히 이런 정권을 믿고 몸 바칠 수가 없지 않았겠소.

김딴지 변호사　　알겠습니다. 결국 개혁의 방향은 잘 잡았으나, 그 개혁을 꾸준히 밀고 나갈 힘이 스스로에게나 주변 인물에게나 부족했던 것이로군요! 그러면 마지막으로, 다른 간신배들 말고 신돈을 유독 그렇게 증오하시는 까닭은 무엇입니까?

이존오　그자는 모든 나쁜 점을 다 갖춘 인간이었소! 그리고 그자는 임금의 총애에 기대어 권세를 누리면서 임금을 능멸했어요. 일자무식인 주제에 스스로를 임금의 스승이라면서, 공식석상에서 임금과 같은 자리에 떡하니 앉아 있고는 했소! 그것은 옛날 무신 정권 사람들도 감히 못하던 짓인데 말이오.

　그리고 그는 폐하를 더욱 홀리기 위해 '반야'라는 이름의 자기 여자를 폐하에게 소개해 주었소. 그래서 나중에 모니노라는 아이가 태어났는데, 그 아이가 바로 다음 대를 잇는 우왕이오. 이 모니노가 과연 폐하의 핏줄인지, 신돈의 핏줄인지가 분명하지 않아서 나중에 사대부들끼리 싸우고 결국 고려가 망하는 원인이 되었으니, 어찌 신돈이 밉지 않을 수가 있겠소?

김딴지 변호사　네, 잘 알겠습니다! 정말 귀중한 증언을 해 주셨습니다. 그럼 이상으로 질문을 마치겠습니다.

판사　피고 측에서는 증인에게 질문 없습니까?

이대로 변호사　있습니다. 저희는 간결하게 하겠습니다. 이존오 선생님, 만나 뵙게 되어 반갑습니다.

이존오　어, 반갑소.

이대로 변호사　전에 섬기던 군주에 대한 아주 신랄한 평가, 잘 들었습니다! 요약하자면 공민왕께서는 사치가 지나쳤다, 그리고 좋지 않은 사람들과 가까이했다, 이런 말씀이시지요?

우왕
공민왕의 아들이자 고려 제32대 왕으로 어린 나이에 왕위에 올랐으나 이성계에 의해 폐위되었습니다.

이존오　　　음, 그렇소.

이대로 변호사　　　하지만 다른 시각으로 볼 수는 없을까요?

이존오　　그게 무슨 말씀이오?

이대로 변호사　　　공민왕께서 전쟁 통에 뱃놀이를 벌였다고 비난하셨는데, 그것을 꼭 '경우에 없는 사치'라고 삐딱하게 보기보다는 '어려운 때일수록 용기를 잃지 말고, 화끈하게 기분 전환을 해 보자! 그리고 위기를 극복할 기운을 내자!'는 뜻으로 볼 수는 없을까요?

이존오　변호사 양반은 위기에 처했을 때 그렇게 합니까? 모든 것을 잊고 놀아 버려요?

이대로 변호사　네, 저는 그렇게 합니다. 많은 사람들이 그러고요. 자나깨나 책만 보시는 선비들은 이해하지 못하시겠지만요.

이존오　흐음…….

이대로 변호사　법회에 지나치게 많은 경비를 들였다는 지적도, 물론 뭐든 지나치면 좋지 않기 마련입니다만, 흉흉해진 민심을 어루만지고 왕실에 대한 존경심을 심어 주기 위한 의도가 아니었을까요? 당시 백성의 마음을 끄는 것은 공자님 말씀보다는 불교와 화려한 볼거리였으니까요.

이존오　그, 그건…….

이대로 변호사　'질이 나쁜 사람들을 가까이했다'는 지적 역시 달리 볼 수 있습니다. 그만큼 어떤 연줄이나 특정한 이해관계에서 자유로운 사람, 출신은 보잘것없지만 마음은 진솔한 사람을 가까이했다고 볼 수도 있지 않습니까? 그만큼 공민왕께서는 집안이나 배경을 보지 않고, 사람의 됨됨이를 가려 쓰려고 했다고요.

이존오　듣자 듣자 하니 이것 보시오. 그 아부하는 재주밖에 없는 불한당들에게 무슨 됨됨이가 있단 말이오? 아니 그래, 이제현 선생이나 이색 선생 같은 학식 높은 선비들이 신돈처럼 무식한 땡중만 못하다는 말이오?

이대로 변호사　유학을 공부하신 분들의 안 좋은 점은 글공부를 너무 높이 받들고 나머지 재주는 별로 쳐주지 않는달까요? 또 불가의 승려에 대해서는 필요 이상으로 색안경을 끼고 보는 경우가 많은 것 같습니다. 신돈을 그토록 나쁘게 보시는 것도 어느 정도 편견이 작용한 게 아닐지요?

이존오　편견? 정말 내 가슴을 열어 보여 드리고 싶군. 나, 이존오가 편견으로 그 요사스러운 인간을 비판했다고? 사람을 나쁘게 보면 한없이 나쁘게만 보이고, 좋게 보면 좋게만 보인다지만 한계라는 게 있소. 신돈은 좋게 볼 구석이 조금도 없는 인간이었소.

이대로 변호사　그러면 왜 백성들이 그를 가리켜 '성인이 나셨다!'며 환호했을까요?

이존오　아, 무지한 백성이야 무조건 자기들에게 잘해 준다면 좋은 사람이다, 그러는 것이지! 잠깐 대중적 인기가 있다고 해서 역사적으로 좋은 평가를 받는다는 법이 있소?

　나는 진실을 밝히러 이 자리에 나왔는데, 뭐든 비틀어서 보고 엉뚱하게 듣는 당신 같은 사람과는 더 이상 할 말이 없소! 그만 나가게 해 주시오!

　이대로 변호사는 마음대로 하라는 몸짓을 했고, 표정이 일그러진 이존오는 자리를 박차고 일어났다. 그리고 판사와 김딴지 변호사에게 절을 하고, 공민왕에게 다시 큰절을 한 다음 퇴장했다.

판사   그러면 오늘은 이쯤에서 마칠까 하는데, 양쪽 의견은 어떻습니까?

김딴지 변호사   저희는 상관없습니다.

이대로 변호사   저희도 이만하면 됐습니다.

판사   그러면 이상으로 오늘의 재판을…… 아, 깜빡 잊을 뻔했군! 여기 편지가 한 통 있습니다. 이 자리에 나오지 않았으나 꼭 자신의 뜻을 밝히고 싶다고 한 사람, 바로 신돈이 보낸 편지입니다. 제가 낭독하겠습니다.

신돈의 편지라는 말에 모두들 놀란 표정을 지었다. 두 변호사와 기철, 노국 공주를 비롯해 방청객들까지 모두 판사를 주시했다. 다만 공민왕만은 가만히 눈을 감고 있었다.

공민왕과 샤자한의 부인 사랑

열한 살에 원나라로 갔던 공민왕은 원나라의 노국 공주와 결혼한 뒤, 스물 두 살에 고려로 돌아왔습니다. 공민왕은 노국 공주와 부부의 정이 애틋하기로 알려져 있었지요. 그런데 노국 공주는 안타깝게도 아이를 낳다 갑자기 죽고 말았습니다. 그러자 공민왕은 슬픔을 이기지 못하고 시름에 잠겼습니다. 공민 왕은 노국 공주의 초상화를 놓고 식사를 하며 마치 공주가 살아 있는 것처럼 말을 건네기도 하고, 무덤 앞에서 그녀를 그리워하며 밤을 새다 잠이 들기도 했습니다.

고려의 공민왕처럼 왕비를 극진히 사랑한 왕으로 인도의 '샤자한' 왕을 꼽을 수 있습니다. 샤자한은 왕비인 뭄타즈 마할이 아이를 낳다가 죽자, 아름다운 아내를 기리며 하얀 대리석으로 신비로운 무덤을 만들었습니다. 그것이 바로 세계에서 가장 아름다운 건축물로 손꼽히는 '타지마할'입니다. 샤자한은 이 무덤을 짓기 위해 2만 명이 넘는 노동자를 동원했고 무려 22년이 걸려 완성했습니다.

타지마할은 1983년, 유네스코 세계 문화유산으로 등재되면서, '무슬림 예술의 보석이며 인류가 감탄할 수 있는 걸작'이라는 찬사를 받았고 2007년 7월 7일 신(新) 세계 7대 기적에 선정되었습니다.

3

공민왕은 왜
신돈을 버렸을까?

판사는 목을 가다듬고 신돈의 편지를 읽었다.

"존경하는 판사님, 배심원 여러분, 방청객 여러분, 그리고 원고와 피고, 그립고도 그리운 폐하! 소승 편조, 속명 신돈! 옥천사의 노비에게서 아비 없는 자식으로 태어나 수십 년을 집도 없고 절도 없이 탁발승으로 떠돌다가, 황공하게도 폐하의 눈에 들어 '수정이순논도 섭리보세공신 벽상삼한삼중대광 영도첨의사사 판중방감찰사사 취성 부원군 제조승록사사 겸 판서운관사'라는 엄청난 직함을 받고 폐하를 위해 신명을 바쳤던 신돈이옵니다.

오늘 이 재판에 참석할지 말지를 많이 망설였습니다. 사실 피고 측 변호사님과 원고 측 변호사님 모두가 제게 여러 차례 참석을 권유하셨습니다. 하지만 아무리 생각해 봐도 제가 원고나 피고 중 어느 한쪽의 입장에서 증언하기가 어려웠습니다. 그래서 끝내 참석하지 않되, 제가 이 재판에 아무런 목소리도 내지 않음 또한 도리가 아닌 듯하여, 이렇게 편지로 뜻을 전하게 되었습니다. 여러분께 매우 송구스럽습니다만, 제 입장을 양해해 주시기 바랍니다.

아, 벌써 수백 년의 세월이 흘렀습니다. 그러나 아직도 소승의 뇌리에는 그때의 기억이 생생합니다. 폐하께서 소승과 마주 앉아 하루 종일 이야기를 나누시고는, 제 손을 덥석 잡으시며 폐하를 위해 일해 달라고 청하시던 그때 말입니다.

저는 감사하면서도 당황스러웠습니다. 저처럼 보잘것없는 사람이 폐하를 위해 무슨 일을 하겠습니까? 그러나 폐하는 저를 '이세독립지인'이라고, 세상을 떠나 살며 모든 이해관계에서 벗어나 있는 사람이라고 하시며, 제가 큰일을 맡을 적임자라고 자꾸만 강권하셨습니다.

그래도 소승이 불안을 거두지 못하자, 폐하께서는 친필로 제게 약조문을 써 주셨습니다. '스승은 나를 구하고, 나는 스승을 구하여, 영원토록 변치 않을 것이다.' 감격한 저는 폐하의 청을 받아들였습니다. 그리고 꿈만 같은 세월이 시작되었습니다. 폐하의 이름으로 폐하를 능멸하고 괴롭히던 무리를 물리치고, 백성들에게 땅과 사람을 돌려주고, 폐하와 나란히 부처님을 받들고 불경을 논하던 그 시절!

실로 영광스러운 일이었고, 수백 년이 지난 지금까지도 잊지 못할 감격입니다. 죽은 지 오래인 지금까지도 소승은 폐하의 은혜를 잊지 못하고 있습니다. 그러면 누군가는 말하겠지요. 그런데 왜, 그 은혜

를 저버리고 역모를 꾸몄느냐?

분명히 말씀드립니다. 소승은 결코 폐하를 배반하지 않았습니다. 폐하는 제게 은인이자, 군주이자, 제자이자, 정치적 동지이자, 마음으로 이어진 친구였습니다. 그런 분에게 어찌 감히 흉한 마음을 먹겠습니까?

그런데 폐하는 소승을 너무 쉽게 버리셨습니다. 김속명의 집에 날아든 익명의 고발장 한 장으로, 너무 쉽게 소승이 역모를 꾸민다는 이야기를 믿어 버리셨습니다. 그래서 친필로 써 주신 맹세문도 헛되이, 소승은 수원에서 목숨을 잃고 말았습니다.

하지만 소승은 폐하를 원망하지 않습니다. 원망하기에는 베풀어 주신 은혜가 매우 크기도 하고, 폐하의 결정을 이해하기도 하기 때문입니다.

소승에게도 어느 정도 잘못이 있었습니다. 천한 것이 높은 지위에 오르자 그만 욕심에 눈이 어두워, 재산을 모으고 여자들을 가까이했습니다. 물론 당시의 권문세족에 비하면 새 발의 피라고 할 정도였지만, 깨끗하지 못했던 점은 분명합니다. 이 사실을 아셨을 때, 저를 학처럼 고고한 사람으로만 여기셨을 폐하께서 얼마나 충격을 받으시고, 환멸을 느끼셨을지 보지 않고도 알 수 있습니다.

그리고 폐하께서 워낙 어려운 시대에 임금이 되시어, 평생을 음모와 전란에 시달리신 것도 저와 폐하의 우정에는 불운이었습니다. 원나라의 압력, 공신들의 배신, 적들의 침입으로 때로는 이리저리 떠돌며 밤이슬을 맞기도 하셨고, 몇 차례나 암살을 모면하기도 하셨습니다. 그러니 폐하는 자연히 의심이 많아졌을 것이며, 그래서 제가 역모를 꾸민다는 모함도 쉽게 믿으셨을 것입니다.

폐하께서 조금만 저를 믿어 주셨으면 어땠을까요? 제가 조금만 마음을 굳게 다지며 유혹에 넘어가지 않았으면 어땠을까요? 저와 폐하가 초심을 끝까지 가져갔다면, 폐하의 치세는 보다 영광스럽게

왜 공민왕의 개혁 정치는 실패했을까?

끝났을 것이며, 고려 또한 멸망을 피할 수 있었을 것입니다.

이제는 후회해도 부질없는 일. 하지만 폐하께, 그리고 다른 여러 분께 분명히 말씀드립니다. 폐하의 개혁은 위대한 개혁이었습니다! 우리가 함께한 나날은 결코 잘못되지 않았습니다! 다만 저희가, 아니 이 신돈이 너무 약했기에 모든 것이 수포로 돌아갔을 뿐입니다.

부디 저승에서라도 폐하의 영혼이 편안하시기를, 그리운 분과 다시 만나며 못다 한 사랑을 이어 가 이승의 한을 위로하시기를, 못난 소승은 간곡히 기도하며 편지를 맺습니다. 나무아미타불."

판사가 편지를 다 읽고 내려놓자 모두들 숙연한 분위기에 빠졌다. 노국 공주는 말없이 눈물을 흘렸고, 공민왕은 여전히 눈을 감은 채 가만히 있었다.

"신돈이 잘못했네."

"무슨 소리? 공민왕이 잘못한 거지."

"아냐, 둘 다 운이 나빴어."

"아무튼 신돈은 공민왕 편인 거지?"

"공민왕의 개혁은 위대하다고 하잖아."

방청석에서 낮은 속삭임이 오가는 가운데, 판사가 판결봉을 집어 들었다.

판사   오늘 재판을 정리하면, 피고가 원고를 제거하고 얻은 권력을 얼마나 제대로 사용했는지가 쟁점이었습니다. 그에 관해 상반되는 주장이 나왔고, 많은 이야기가 있었습니다. 이제 일주일 뒤에 열릴 마지막 재판에서는 좀 더 넓은 역사적 맥락에서, 피고의 잘잘못을 가려 보기로 하겠습니다. 오늘 재판은 이것으로 마무리 짓겠습니다. 모두들 수고하셨습니다!

땅, 땅, 땅!

다알지 기자

시청자 여러분, 안녕하세요. 저는 한국사
법정 앞에 나와 있습니다. 기철 대 공민왕의
두 번째 재판이 열리는 이곳은 지금 재판이 끝나고
나오는 방청객들로 와글와글하군요! 들어 보니 원고 쪽이 잘했다는 의
견, 피고 쪽이 잘 막아 냈다는 의견이 대략 반반인 것 같습니다. 재판이
과연 어떻게 끝날지 저도 참 궁금하네요!

오늘 재판에서 집중적으로 다뤄진 내용은 공민왕의 개혁이 과연 나
라와 백성을 위한 것이었냐인데, 원고 측에서는 전통적 지식인인 이존
오를 내세우고, 피고 측에서는 현대인이자 서양인인 제임스 팔레 교수
를 내세워서 불꽃 튀는 논쟁을 벌였습니다. 또한 오늘 재판에서 문제
의 인물인 신돈이 등장하나 싶었는데, 출석은 하지 않고 편지만 보내
관심을 집중시키기도 했지요. 그럼 양측 변호사를 만나 인터뷰해 보겠
습니다.

김딴지 변호사

어느 쪽이 유리한지는 오늘 재판에서 드러날 대로 드러났다고 생각합니다. 어느 쪽이냐고요? 당연히 우리 원고 쪽이죠! 공민왕 하면 개혁이라더니, 과연 제대로 된 개혁이 뭐가 있었습니까? 게다가 마지막은 그게 뭐예요? 볼썽사납게……. 이제 마지막 재판에서만 실수하지 않으면 우리가 무난히 이기리라 보는데, 다만 아쉬운 건 신돈의 증언이에요. 그 사람 편지 내용을 보니 대체로 우리 쪽 주장과 같던데 왜 우리 쪽 증인으로 나와 주지 않았는지 안타깝군요.

왜 공민왕의 개혁 정치는 실패했을까?

이대로 변호사

김딴지 변호사님은 듣고 싶은 것만 들으시나 보네요. 오늘 재판이 원고에게만 유리했다고요? 무슨 말씀을……. 오히려 공민왕 폐하의 우국충정과 애민 정신이 배심원과 방청객에게 확실히 전달된 게 느껴지던데요 뭐! 그리고 신돈의 편지도 그게 어디 원고 편입니까? 공민왕의 개혁은 옳았다고 강조하던 것 못 들으셨어요? 자, 저는 바빠서 이만 가렵니다. 마지막 재판으로 모든 게 갈릴 테니 그때 분하다고 울지나 마세요!

공민왕이 그린 그림

고려 제31대 왕이었던 공민왕은 원의 간섭기 시절 고려의 왕이 되어 원나라의 지배에서 벗어나고자 하였지요. 개혁 정치를 폈던 공민왕에게는 또 다른 재능이 있었는데 바로 그림에 뛰어난 소질이 있었어요. 공민왕이 남긴 그림을 한번 살펴볼까요?

<염제신 상>

고려 후기의 재상으로 공민왕 때는 좌·우 정승을 거쳐 원나라의 내란 평정을 돕기 위해 원군을 이끌고 떠나기도 했지요. 원나라의 세력을 등에 업은 기황후의 친원파 세력을 몰아내는 일에 앞장서기도 하였답니다. 공민왕은 그를 아껴 "염공은 나에게 만리장성이니 경이 떠난 후 내가 북쪽을 걱정하지 않을 것"이라고 하였다고 하지요. 왼쪽의 <염제신 상>은 비단에 그려진 것으로 공민왕이 그린 것으로 추정되고 있답니다.

<이양도>

양 두 마리가 있다고 해서 '이양도(二羊圖)'라는 이름이 붙은 그림이에요. 현재 간송미술관에 보관되어 있으며 양 두 마리가 걸어가는 모습이 그려져 있지요. 아무런 배경이 없는 비단 바탕에 검은 얼룩과 갈색 얼룩의 양 두 마리가 그려져 있는데, 공민왕이 남긴 작품으로 추측되고 있답니다.

<천산대렵도>

공민왕이 그린 것으로 추정되는 이 그림은 14세기 중엽의 유물이에요. 비단에 그려진 수묵채색화예요. '수렵도'라고도 하며 원래는 이보다 훨씬 큰 그림이었는데 오려져 나온 것으로 추측되지요. 힘차게 말을 달리는 사람의 모습이 가늘고 섬세하게 묘사되어 있답니다. 현재 국립중앙박물관에 보관되어 있어요.

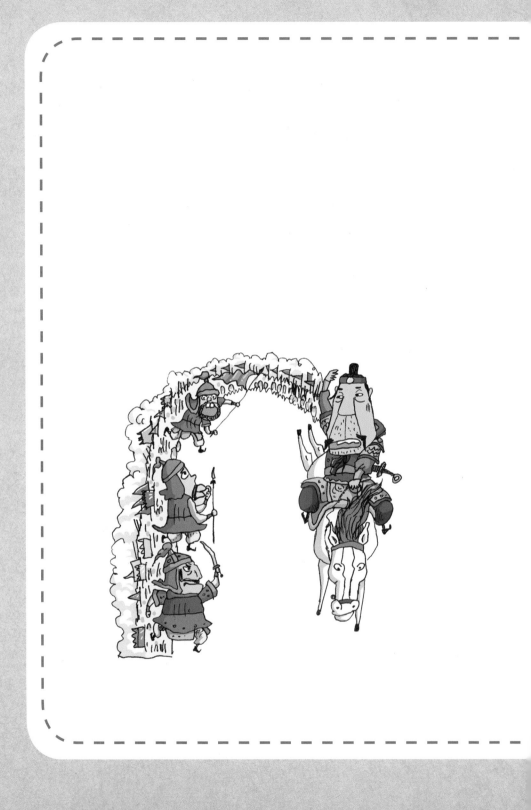

공민왕이 암살되지 않았다면 조선이 세워졌을까?

1. 공민왕은 고려의 마지막 희망이었을까?
2. 왜 조선을 세워야만 했을까?

교과연계

한국사
II. 고려와 조선의 성립과 발전
  1. 민족을 재통일하여 발전한 고려
    (4) 고려와 이웃나라들

1

공민왕은 고려의
마지막 희망이었을까?

판사 자, 마지막으로 힘을 내 오늘 재판도 훌륭하게 진행해 봅시다. 오늘은 피고가 세상을 떠난 이후의 시기에 중점을 두고 진행하겠습니다. 고려가 멸망하고 조선이 세워지는 과정에 피고의 죽음이 어떤 영향을 미쳤으며, 따라서 우리는 피고를 어떻게 평가해야 옳은지 알아볼 예정입니다.

그러면 정식으로 재판을 시작하기에 앞서, 오늘의 증인 두 사람을 소개하겠습니다. 여태까지의 증인들도 모두 특별했지만, 오늘 원고와 피고 쪽에서 신청한 두 분은 매우 특별한지라, 함께 등장하기를 고집하시더군요. 최영 장군님, 그리고 조선을 세운 이성계 장군님, 들어오세요.

왜 공민왕의 개혁 정치는 실패했을까?

방청객의 웅성거림 속에서 완전 무장을 한 두 사람이 성큼성큼 들어왔다. 둘의 덩치에 비해 들어오는 길이 좁아서 몸이 심하게 맞닿았는데, 두 사람은 서로 밀어내고 째려보고 한참 다투며 들어와 각각 자리에 앉았다.

최영   쳇! 살아 있을 때도 그러더니, 여기에서까지 내 앞길을 막으시는군!

이성계   내가 언제? 그쪽이 먼저 내 발을 걸지 않았소!

이대로 변호사   하하. 워낙 대단하신 분들이 한꺼번에 들어오시니 법정 분위기가 확 달라지네요! 괜찮으시다면 저부터 저희 쪽 증인으로 오신 최영 장군께 질문하고 싶은데 그래도 되겠습니까?

판사   그렇게 하시지요.

이대로 변호사   고맙습니다. 최영 장군님! 이렇게 만나 뵙게 되어 영광입니다. 저는 최영 장군님이 우리나라를 빛낸 영웅들 중에서도 가장 훌륭하신 분이라고 생각하며 존경하고 있었습니다.

최영   허, 내가 뭘 한 게 있다고…… 쑥스럽군요.

이대로 변호사   겸손이십니다. ▶고려 말의 위기 때 최 장군님이 안 계셨다면 왜구와 홍건적의 침입을 어떻게 물리쳤겠습니까? 또한 황금 보기를 돌같이 하셨다는 말씀, 억울하게 돌아가실 때 "내게 죄가 있다면 내 무덤에 풀이 날 것이고, 없다면 한 포기도 나지 않으리라" 하셨는데, 정말로 풀이 안 나더라는 이야기, 정말 감동적이었습니다.

최영   허, 그러나 무슨 소용이겠소. 무덤에 풀이 나든 말든 무덤이기는 마찬가지고, 남북으로 말을 달려 오랑캐들을 무찔렀지만 내가 그토록 충성하고 사랑하던 나라는 덧없이 무너져 버렸으니……. 운명인 게지요.

이대로 변호사   안타깝습니다! 그럼 이제는 재판과 관련된 질문을 드려 볼까 합니다. 장군께서는 충숙왕 때 태어나셨지만, 공민왕 때 이름을 드높이고 많은 공을 세웠다고 볼 수 있겠죠?

최영   그렇죠. 공민왕 이전 임금 때도 왜구 토벌로 이름이 알려져 있었지만, 저기 앉아 계시는 공민왕 폐하가 즉위하신 첫해에 조일신의 난을 평정하는 데 내가 공을 세웠지요. 그 공으로 대호군 자리까지 올랐고, 1354년에 원나라의 요청에 응한 파병에서 용맹히 싸워 이름을 떨칠 수 있었어요. ▶그 밖에 왜구와 홍건적의 침입, 덕흥군을 앞세운 원나라 군대의 침입 등을 물리쳐서 압록강에서 제주도까지 전국을 누비며 승리를 거듭했지요

이대로 변호사   와, 정말 보기 드문 명장이십니다! 그러다가 나중에는 재상의 지위에 올라 정치를 담당하기도 하셨는데, 장군께서 바라본 공민왕 폐하의 개혁 정책은 어땠습니까?

최영   어떻기는요? 훌륭했지요! 잘 아시지 않습니까? ▶▶반원 정책과 개혁 정책, 나라와 백성에게 모두 도움이 되는 정책들 아니었나요?

교과서에는

▶ 고려 말기에 빈번했던 왜구의 침입으로 국가 재정이 어려워지고 내륙까지 큰 피해를 입었습니다. 이때 최영, 이성계 등이 나서서 왜구를 물리쳤고, 이를 계기로 무인들이 신흥 세력으로 성장하게 되었습니다.

▶▶ 원나라가 점차 쇠약해지기 시작하는 14세기 중반에 이르러 고려 사회에는 새로운 개혁의 바람이 불었습니다. 공민왕은 원의 간섭에서 벗어나기 위해 반원 개혁을 추진했고 이러한 조치는 백성의 환영을 받았지요. 그러나 친원 세력인 권문세족의 반발에 부딪혔습니다.

왜 공민왕의 개혁 정치는 실패했을까?

이대로 변호사   아하, 최 장군님 보시기에도 그렇군요?

최영   그럼요. 사실 이렇게 말하기는 뭐하지만, 고려 후기의 임금들은 좀 능력이 처지거나 인간성이 좋지 못한 경우가 많았거든요. 그런데 공민왕 폐하는 기백이나 그런 것은 태조 폐하나 광종 폐하에 비하면 조금 덜하지 않으셨나 싶지만, 무엇보다 성실하시고, 지혜로우시고, 온 힘을 다해 기울어져 가는 나라를 다시 일으키고자 애를 쓰셔서 많은 이들의 추앙을 받으셨죠.

이대로 변호사   아하, 박수가 절로 나오는군요! 그러면 결국 공민왕께서 뜻을 다 이루지 못하고 돌아가신 일은 어떻게 보아야 할까요?

최영   고려로서는 불행이었죠. 마지막 부흥의 기회를 잃었다고나 할까? 그 뒤로 내가 문하시중의 자리까지 올라 애를 써 보았습니다만, 이미 대세는 기울었다고 할 수 있지요. 마지막 방법으로 일으킨 요동 정벌도 저기 저쪽에 앉아 있는 이성계의 배신으로 무산되고……. 저승에 계신 폐하께는 참으로 죄송할 따름이었죠.

이대로 변호사   아아! 저는 그 시대 사람은 아닙니다만, 안타까운 마음이 절로 듭니다. 끝으로 특별히 여쭙고 싶은 말씀이 있습니다. 이제껏 재판을 진행해 오면서, 공민왕이 개혁을 추진하느라 국방 분야에 소홀했다는 이야기가 나왔는데요. 어떻게 생각하시는지요?

최영   폐하께서 국방에 소홀하셨다? 그게 무슨 말이오?

이대로 변호사   반원 정책을 쓰다 보니 원나라의 지원을 받지 못하게 되고, 그래서 왜구와 홍건적 등에게 침략의 빌미를 제공했다는 말이 있는데요.

문하시중
고려 시대 최고의 관직으로 조선 시대의 영의정에 해당하는 높은 벼슬입니다.

최영 　허, 소가 웃을 일이로군. 누가 그렇게 터무니없는 말을 한답니까? 왜구는 폐하 이전에도 많이 쳐들어왔어요. 그리고 외적들이 날뛰게 된 까닭은 원나라와 관련이 있지만, 그것은 원나라 자체가 이미 약해졌기 때문이지, 고려가 친원을 하든 반원을 하든, 별 상관이 없었소. 아니, 오히려 계속 친원을 했으면 그들의 파병 요구에 응

왜 공민왕의 개혁 정치는 실패했을까?

하느라고 국방이 더욱 약해졌겠지!

이대로 변호사　　오오, 그렇군요!

최영　방금도 말했지만 내가 파병 요구에 응하여 원나라에 가지 않았소? 거기서 보니 ▶세계를 호령하던 몽골 제국은 옛말이고, 원나라는 이미 지는 해더라, 이거요. 그래서 귀국한 후 폐하께 "폐하, 원나라는 이미 끝이 보입니다. 더 이상 원나라의 눈치를 볼 필요가 없습니다"라고 건의를 드렸지요. 그래서 그 직후에 저기 앉아서 눈을 부라리고 있는 기철 일파를 제거하신 거지요.

이대로 변호사　　아하, 일이 그렇게 된 거군요! 잘 알겠습니다. 그러면 또 한 가지, 피고 공민왕이 의심이 많아서 인당, 이방실, 정세운 등 유능한 장군들을 여럿 제거했으며, 그 결과 국방이 약화되었다는 말도 있는데요.

최영　흠…… 그래요? 난 잘 모르겠는데? 내가 알기로는, 그들은 자기네들끼리 음모를 꾸미고 서로를 해친 것이오. 폐하께서 관여하셨다는 말은 처음 듣소.

이대로 변호사　　으음, 공민왕 폐하의 음모 같은 것은 없었다는 말씀이시죠?

최영　내가 알기로는 그렇소.

이대로 변호사　　잘 알겠습니다! 자, 이제는 모든 것이 분명해지지 않았을까요? 저의 질문을 마칩니다. 장군님, 수고하셨습니다.

판사　원고 측도 질문하시겠소?

김딴지 변호사 물론 해야지요. 최영 장군님, 인사드립니다. 저도 사실 장군님의 팬입니다!

최영 고맙소.

김딴지 변호사 방금 이 변호사님이 지적하신 부분을 되묻고자 합니다. 장군님께서는 공민왕 때 국방에는 소홀함이 없었다고 하셨는데요, 그러면 혹시 **만호부**를 철폐한 정책에 대해서는 어떻게 생각하십니까?

최영 으음? 만호부, 만호부라…….

김딴지 변호사 그렇습니다. ▶만호부란 원래 몽골의 영향으로 몽골식 군 편제를 받아들여 설치된 지역 사령부였죠. 그런데 반원 정책의 일환으로 만호부들을 폐지하기로 결정했지요. 그래서 중군, 좌군, 우군 만호부만 남기고 순군, 합포, 전라, 탐라, 서경 만호부 다섯 곳을 폐지하지 않았습니까?

최영 흠, 이제 기억이 나는군. 하지만 폐하는 얼마 후에 새로 군민 만호부, 함주 만호부, 안민 만호부 등 각지에 만호부를 다시 설치하는 모습을 보이셨지요.

김딴지 변호사 그렇죠. 왜냐하면 만호부가 각 지역 방위에 중요한 역할을 담당하고 있었기 때문입니다. 물론 문제점도 있었지요. 친원파나 권문세족들이 만호부를 근거로 세력을 키우기도 했고, 특히 순군 만호부는 원고 기철의 근거지로 유명했죠. 그래서 이른바 친원 세력을 척결하는 과정에서 만호부까지 폐지했지만, 뒤이어 왜구와 홍건적

왜 공민왕의 개혁 정치는 실패했을까?

의 침입을 겪고 보니 만호부의 역할이 비로소 눈에 들어온 겁니다. 그래서 다시 여기저기 만호부를 부활시킨 거죠.

최영　음.

김딴지 변호사　왜구의 침략이 가장 극심했던 시기가 앞서 다섯 만호부를 폐지했던 시기와 일치하며, 말씀하신 여러 만호부를 다시 설치하면서 홍건적의 침입에 효과적으로 대응할 수 있게 되었습니다. 이렇게 볼 때 국방에 미치는 영향을 생각하지 못하고 정치적 이유로 기존 제도를 없앤 공민왕의 정책은 비판의 여지가 있지 않을까요?

최영　흠, 일리는 있소. 하지만 아무리 제도가 효율적이고 무기가 효과적이라 해도, 싸움에서 이기려면 먼저 적군과 아군이 뚜렷이 구분되어야 하지 않겠소? 또한 사기가 충천해야 강한 군대가 되지 않겠소? 당시 친원파와 권문세족이 날뛰는 통에 우리 군대는 사기가 땅에 떨어졌고, 창끝을 국경으로 돌려야 할지, 폐하께서 계시는 개경으로 돌려야 할지 모르는 상황이었소. 이런 상황에서 나라의 모순과 어려움을 타파하려 했던 공민왕 폐하의 개혁은 의미가 매우 컸다고 생각하오.

김딴지 변호사　음, 그렇습니까?

최영　틀림없소.

김딴지 변호사　좋습니다. 그러면 다른 문제로 넘어가죠. 증인은 조금 전 여러 뛰어난 장군들이 목숨을 잃은 일에 공민왕이 개입했는지 알 수 없다고 하셨지요? 개입하지 않았다는 확신이 있으신 게 아니고 말이죠.

최영 굳이 비틀어 말하자면 그렇소. 하지만 내 짐작으로는 그러지 않으셨을 것 같소.

김딴지 변호사 어째서요?

최영 가령 이방실 장군 같은 경우, 그가 홍건적을 정벌하고 돌아오니 폐하께서 잔치를 베푸시고 그에게 옥으로 만든 허리띠와 갓끈을 친히 건네셨소. 노국 공주께서 아끼시던 물건이었지. 그래서 공주가 "어찌 이 귀한 물건을 그에게 주십니까?"라고 물으시자 폐하는 "우리 고려가 폐허가 되지 않고 백성이 떼죽음을 당하지 않게 해 준 사람이 아니오. 내 살을 베어 주어도 아깝지 않을 것을, 이런 물건쯤이야 얼마든 못 주겠소!"라고 대답하셨지. 이처럼 장수들을 아끼는 분이셨는데, 그런 음모를 꾸몄으리라고는 믿어지지 않소이다.

김딴지 변호사 그런 일이 있었던가요? 하지만 신돈의 예에서도 알 수 있듯, 저분은 누군가를 파격적으로 대우해 주다가도 갑자기 헌신짝 버리듯 하기를 잘하신 분이 아닙니까?

최영 흠! 신돈, 신돈이라…….

김딴지 변호사 아하, 그리고 보니 최 장군께서도 한 번 **숙청**되신 적이 있으셨죠? 바로 신돈의 모함을 받아서요.

최영 흠, 그렇소! 매우 불쾌했던 기억을 끄집어내는군! 그때 나는 동서강도지휘사의 명을 받고 강화도에서 왜구의 침입에 대비하고 있었는데, 잠시 근심을 잊고자 사냥을 나갔더니 그걸 가지고 그자가 폐하께 나를 **참소**했소. 그래서 나는 직위가 해제되고 계림윤이라는

숙청
조직에 반대하는 세력을 제거하는 것을 뜻합니다.
참소
일부러 남을 헐뜯어서 죄가 있는 것처럼 꾸며 윗사람에게 고하는 것을 말합니다.

작은 직위를 받아 경주 고을이나 맡아보고 있어야 했소.

김딴지 변호사   그처럼 귀가 얇다는 점, '누구누구는 나쁘더래요'라는 말을 들으면 곧바로 좌천시켜 버리는 점이 피고 공민왕의 큰 단점 아니었을까요? 더구나 증인은 역전의 용장이며, 지금 왜구가 개경으로 침입해 들어오려는 것을 막고 있는 중대한 상황이었는데요?

최영   그것까진 대답하기 곤란하군요. 흠, 폐하께서 신돈 그자의 말을 너무 잘 들어주기는 하셨지.

김딴지 변호사   그러나 신돈도 결국 하찮은 참소의 희생자가 되었지요. 그렇지 않습니까?

이때 피고 측의 이대로 변호사가 손을 번쩍 들며 자리에서 일어났다.

이대로 변호사   이의 있습니다! 신돈이 역모를 꾸미지 않았고, 참소 때문에 희생되었다는 것은 신돈이 일방적으로 주장한 내용일 뿐입니다. 그것을 확실한 사실인 듯 말하는 것은 부당합니다!

판사   이의를 인정합니다. 원고 측은 확실한 근거가 있는 발언만 하세요.

왜 공민왕의 개혁 정치는 실패했을까?

2

왜 조선을
세워야만 했을까?

김딴지 변호사   네, 주의하겠습니다. 그러면 마지막 질문을 드리죠. 장군께서는 아까 말씀하셨듯, 마지막까지 고려를 지키려고 애쓰셨습니다. 그런 장군께서 보시기에 어떻습니까? 고려는 과연 쓰러지지 않을 수도 있었을까요?

　최영의 표정이 굳어졌다. 그리고 눈을 감고, 팔짱을 낀 채 잠시 말이 없었다. 방청객들이 모두 숨을 죽이고 그를 바라보았다.

김딴지 변호사   장군님, 장군님? 증언을 하셔야죠?
최영   휴…… 고려는, 내가 사랑하는 나라 고려는 이미 회복이 거의 불가능할 정도로 심각한 상태에 빠져 있었다고 보오.

이대로 변호사와 노국 공주가 당황한 얼굴로 최영을 쳐다보았다. 공민왕은 침울한 표정으로 말없이 고개를 숙였다.

최영　원나라의 간섭이 있기 전에도 무신 정권이라는 비정상적인 체제가 오래 계속되었고, 왕실 중심의 질서가 무너져 버려 신하나 임금이나 백성들을 괴롭히는 일이 많았소. 잊을 만하면 다시 쳐들어 오는 외적들도 백성을 편히 살지 못하게 했지요.

그러다 보니 모든 것을 바로잡기 위해서는 그야말로 초인적인 노력이 필요했고, 조금의 실수도 용납되지 않았소. 그때 우리 공민 왕께서 나타나셨소. 실로 사력을 다해 쓰러지는 나라를 되살리려 애쓰셨고, 이미 체념하고 있던 우리는 다시 한 번 그분께 기대를 걸었소.

하지만 그분도 인간이셨지요. ▶폐하는 매우 아끼던 아내, 노국 공 주를 잃은 뒤로 마음의 상처를 달래시려 신돈에게 지나치게 의존하 셨고, 그 신돈 역시 사라지고 나자 마음의 갈피를 못 잡으신 게요. 그 래서 기껏 이루어 놓은 개혁도 마무리가 되지 않은 채로 남고, 그분 역시 비명에 가시니 사실 남아 있는 방법은 거의 없었소.

교과서에는

▶ 백성의 지지를 받던 공민 왕의 개혁 정책은 권문세족 의 반발로 신돈이 제거되고 공민왕도 시해당하며 실패 하고 말았습니다.

잠시 눈을 감고 말을 끊었던 최영은 다시 천천히 입을 열었다.

최영　그러나 할 수 있는 데까지는 해 봐야 하는 게 신하의 도리요. ▶나는 재상의 자리에 올라 요동 정벌을 추진했소. 많은 사람들이 무모한 계획이었다고 했지만, 당시는 원나라가 무너지고 새롭게 떠오르던 명나라는 아직 힘이 충분치 못한 상황이라, 분명 성공할 가능성이 있었소.

그러나 지독히도 '현실적'이었던, 저 사람! 저 이성계가 끝내 나의 뜻에 따르지 않았던 것이오. 그는 작은 나라가 큰 나라를 공격할 수 없다는 현실적인 원칙에 집착했고, 고려는 이미 가망이 없다는 데 집착했소. 그래서 그는 위화도에서 말을 돌려 자신이 섬기던 군주를 치고, 국난 극복의 동지였던 나의 뒤통수를 쳤소.

김딴지 변호사　위화도에서 말을 돌렸다고요? 이성계 장군이요?

최영　그렇습니다. 나도 이성계의 생각이 어느 정도는 이해됩니다. ▶▶이성계는 분명 '요동 정벌에 성공한다 해도 그다음에 명나라와 대결하며 오래 버틸 수 있겠는가? 요동 정벌로 국력을 키울 기반이 마련되고 백성들의 사기가 오른다고 해도, 장기적으로 망가질 대로 망가진 나라가 회복될 수 있을까?' 이렇게 생각했겠지요. 그래서 요동 정벌을 하러 가던 중, 위화도에서 마음을 고쳐먹고 군대를 돌렸던 겁니다.

그러나 사람은 아무리 불가능해 보이는 일일지라도 마땅히 해야 할 일은 해야 하는 것이오. 저 사람이 세운 조선의 역사를 보시오. 사육신을 생각해 보시오. 조선이 망한

교과서에는

▶ 고려는 원나라를 멸망시킨 명나라와 처음에는 우호적인 관계를 유지했습니다. 하지만 명나라가 철령 이북의 고려 땅을 넘겨달라고 요구하자 두 나라의 관계는 악화되었지요. 고려는 이를 거부하고, 더 나아가 명나라 땅이었던 요동 지역까지 차지하려 했습니다.

▶▶ 1388년, 5만여 명의 군사를 이끌고 요동을 향해 출정한 이성계는 압록강에 있는 위화도라는 작은 섬에서 군사를 돌렸습니다. 그리고 돌아와 개경을 점령하고 우왕을 폐위했지요. 또한 요동 정벌을 주도한 최영을 제거했습니다. 이를 '위화도 회군'이라 합니다.

다음의 독립 운동가들을 생각해 보시오.

　나는 늘 '황금 보기를 돌같이 하라'고 말했소. 하지만 황금이 황금이지 실제로 돌멩이일 리 있소? 그런데 현명한 사람이라면 그것을 돌멩이와 다름없다고 볼 줄 알아야 하는 거요. 나는 그런 뜻에서 고려를 구하려 했고, 나의 결정에 조금의 후회도 없소.

김딴지 변호사　　네, 과연 최영 장군다운 감동적인 말씀이었습니다. 하지만 고려가 이미 돌이킬 수 없는 지경까지 이르러 있었음도 이로써 분명해진 듯하네요. 그에 관해서 이번에는 저희 원고 측 증인, 태조 대왕 이성계 장군? 아, 이거 호칭이 좀 이상하네요. 뭐라고 불러 드릴까요?

이성계　　그냥 증인 이성계라고 하십시오. 오늘은 어차피 고려 임금의 재판 자리이니.

김딴지 변호사　　아, 그래도 될까요? 그러면 증인이신 이성계 장군님! 방금 이야기가 나왔는데, 공민왕 때의 고려에 대해 어떻게 생각하십니까? 장군께서도 당시 최 장군처럼 남북을 오가며 외적을 물리치느라 고생이 많으셨지요?

이성계　　그랬지요. 북쪽에 올라가 홍건적을 막고 있으면, 또 남쪽에서 왜구가 쳐들어오고…… 아주 고달픈 세월이었지요. 그러나 가장 고통을 받은 사람들은 바로 백성들이었죠.

김딴지 변호사　　아마도 그랬겠죠? 어떤 마음으로 위화도 회군을 하셨고, 조선을 세우셨는지 여쭤 봐도 될까요?

이성계　　음…… 방금 최 장군께서 내가 '군주도 배반하고, 동지도 배반했다'고 하셨는데, 사실 마음이 아픕니다. 최 장군만 하더라도, 사실 그다지 앙숙은 아니었고 사이가 좋던 시절도 있었거든요. 함께 잔치도 치르며 최 장군이 면 반찬을 준비하면 나는 고기 반찬을 준비하고, 그렇게 친하게 지내기도 했지요. 군인은 명령에 따라 나라를 지켜야 하는 게 본분인데, 위화도에서 왕명을 어기고 군대를 돌릴 때는 정말 마음이 천근만근이었습니다.

그나저나 최 장군이나 또 저기 계시는 공민왕이나, 무엇을 가장 중요시해야 할까요? 개인의 명예? 의리? 종묘사직? 글쎄요, 무엇보다도 백성이 아닐까요? 맹자께서도 말씀하셨지요. 세상에서 가장 중요한 것이 백성이다. 종묘사직이 그다음이며, 군주는 가볍다.

그래서 나는 뼈를 깎는 마음으로 고민하고, 결단을 내렸습니다. 최 장군 말씀대로 안 되는 줄 알면서도 끝까지 해 보는 것이 나에게는 좋을 수도 있었겠죠. 죽어도 한 점 부끄러움이 없고, 대대로 영웅의 이름을 남길 수 있으니까요. 하지만 백성들은 어떡합니까? 외적의 발에 짓밟히고, 한때 개혁 때문에 몸을 사렸던 권문세족들이 다시 날뛰면서 굶어 죽고 맞아 죽는 판인데요. 한 치 앞도 보이지 않는 그들에게 고려가 무엇이고, 조선이 무엇입니까?

▶그래서 나는 위화도에서 말을 돌렸습니다. 그리고 동지를 죽이고, 임금을 바꿨습니다. 나는 새 술은 새 부대에 담아야 한다고 생각했습니다. 그래서 나라 이름부터 모든 것을 싹 바꾸고, 처음부터 다시 시작해야만 그동안 쌓이고

교과서에는

▶ 위화도 회군 이후, 이성계 일파는 정도전 같은 신진 사대부와 손을 잡고 본격적인 개혁에 나섰습니다. 이들은 권문세족의 토지를 몰수하여 신진 관료들에게 재분배하는 과전법을 시행했지요. 결국 이성계는 더욱 힘을 키워 마침내 고려 왕조를 무너뜨리고 1392년, 조선을 건국했습니다

쌓인 문제점을 해소할 수 있다고 보았습니다. 내 생각에 이 자리에 계시는 여러분은 저기 공민왕보다 내가 역사의 죄인이라고 여기실지도 모르겠군요. 하지만 나는 내게 주어진 역사적 사명에 따라 내가 할 수 있는 최선을 다했다고 생각합니다. 그래서 아무런 후회도 없습니다.

김딴지 변호사 네. 고려의 충신이고 싶었지만 결국 새로운 왕이 되어야 했던 증인의 깊은 고뇌가 느껴집니다. 그러면 한 가지만 더, 증인께서는 피고 공민왕에 대해 어떻게 생각하십니까? 그의 정책은 과연 옳았을까요? 그가 더 오래 살았다면 고려는 망하지 않을 수 있었을까요?

증인 이성계는 잠시 깊은 한숨을 내쉬고 말을 이었다.

이성계 조선 역대 국왕의 위패를 모신 곳이 종묘이지요. 그런데 그 종묘에 가 보면 공민왕과 노국 공주 부부의 영정을 모신 신당이 있습니다. 내 손으로 멸망시킨 고려였지만, 내가 고려 공민왕의 신하였음을 잊을 수 없어서 특별히 모신 것이죠.

네, 공민왕에 대한 내 마음은 애틋합니다. 최 장군과 마찬가지로 나를 믿어 주시고, 높은 자리까지 올려 주신 분이니까요. 개혁의 방향 또한 잘 잡으셨고요. 그래서 '만약 공민왕께서 오래 사셨다면 나도 그냥 고려의 장수 중 하나로 삶을 마치지 않았을까?' 하고 생각하곤 합니다. 하지만 한 가지 문제가 있습니다.

김딴지 변호사   그게 무엇입니까?

이성계   지도자는 예나 지금이나 스스로의 감정을 조절할 줄 알아야 하며, 또한 감정적으로 나랏일을 처리해서는 안 됩니다. 그런데 공민왕은 워낙 정이 많아서 그런지, 감정을 억누르고 공평무사하게 나랏일에 임하는 게 좀 어렵지 않았나, 나는 감히 그렇게 생각합니다. 노국 공주의 영전을 짓느라 백성을 고생시킨 것이나, 신돈에게 지나치게 의지하다가 그를 없앤 뒤로는 정치를 아예 포기해 버리신 것이나……. 특히 위기의 지도자, 개혁의 지도자는 그렇게 마음이 여려서는 곤란하지요.

내 자신도 감정에 이끌린 끝에 실수를 했습니다. 조선을 세우고 나서 후계자를 정할 때, 아버지로서의 마음에 좌우되어 어린 방석에게 세자 자리를 주고 말았죠. 이에 나중에 태종이 된 방원을 비롯한 형들은 당연히 반발했고, 이른바 '왕자의 난'이라는 것을 일으켜 방석을 죽이고 왕위를 빼앗고 말았습니다.

내 감정대로 했다가 오히려 귀여운 아들을 죽게 만들고, 막 세운 왕조를 내란으로 몰고 간 셈이죠. 그래도 나는 거기서 더 나아가지는 않았습니다. 분한 마음으로는 본거지였던 함경도로 가서 방원과 한판 승부를 벌이고 싶었지만, 그러면 또 난리가 거듭되고 백성이 괴로워질 테니 말이죠. 최 장군이나 공민왕을 볼 낯도 없겠다 싶었죠. 그래서 참고, 오직 부처님의 힘에 의지해 남은 생을 욕심 없이 살았습니다. 그런 점에서, 공민왕이 계속 왕위에 계셨으면 고려가 망하지 않을 수도 있었겠는가? 하는 문제에 부정적인 답변을 드립니다.

왜 공민왕의 개혁 정치는 실패했을까?

김딴지 변호사   잘 알겠습니다. 듣고 싶었던 말씀을 모두 들었습니다. 감사합니다.

판사   피고 측 질문하시겠습니까?

이대로 변호사   저는 원고 측 증인보다는, 피고 공민왕께 몇 마디 여쭙고 싶습니다.

판사   그렇게 하세요.

이대로 변호사   먼저 지금까지의 재판에서 신돈의 이야기가 적잖게 나왔습니다. 폐하께서 그를 너무 믿으셨다, 무척 믿으신 것 치고는 너무 쉽게 버리셨다, 버리고 나서 마음의 갈피를 잡지 못하셨다, 등등의 주장이 있었습니다. 어떻게 생각하시는지요?

공민왕   신돈을 많이 믿었던 건 사실입니다. 너무 믿었지요. 하지만 다들 아시다시피 내 주위에 믿을 만한 사람이 또 누가 있었습니까? 나의 신하인지 원나라의 신하인지 모를 사람부터, 조금 공로가 있다고 금방 딴마음을 품는 장군, 현실에도 맞지 않는 소리만 하면서 임금이 틀렸다고 욕하는 유학자……. 신돈은 내가 본 사람들 중에서 가장 성실하고 때 묻지 않은 사람이었고, 능력도 뛰어났습니다. 그래서 중책을 맡겼고, 맡긴 이상 믿어 줘야 했지요.

이대로 변호사   그런데 그렇게 믿었던 신돈을 대체 왜 쉽게 버리셨던 거죠?

공민왕   음, 그 점은 나도 솔직히 좀 후회가 됩니다. 하지만 신돈이 내 앞에서는 과일과 채소만 먹다가 안 보는 데서는 고기를 뜯는 등 이중적으로 행동했다는 것을 나중에 알게 되니 실망이 컸죠. 그리고 본래 아무 기득권이 없는 사람이라 그만큼 신뢰한 건데, 어느새 자기 사람을 키워서 조정 곳곳에 심어 놓고 있었더란 말입니다. 그래서 차츰 생각을 바꾸게 되었죠. 그래도 지금 와서 생각해 보면 내가 좀 더 참고 믿었어야 하지 않았는가, 하는 생각이 들어요.

이대로 변호사　정치에서 손을 뗐다는 비판은 어떻게 받아들이십니까?

공민왕　흠, 그 얘기도 해야겠군요. 신돈이 제거된 뒤 내가 갈피를 못 잡고 정치에서 아예 손을 놓았다는데, 사실 그때 마음이 많이 괴롭고, 다 귀찮다고 생각하기는 했죠. 하지만 나의 잘못과 실수에 대해서는 나중에 『고려사』를 쓴 조선 사람들이 과장한 점이 많습니다!

예를 들어 내가 미소년들을 모아 자제위를 만들어 놓고 온갖 나쁜 짓을 저질렀다고 비아냥거렸는데, 그 자제위의 소년들이란 권문세족들의 자제였거든요. 그들의 자식들을 곁에 두고 일종의 인질로 삼자는 생각이 있었죠. 하긴 그건 실수였을지도 모르겠군요. 결국 역으로 내가 그들의 손에 당했으니까요. 하지만 알려진 것처럼 내가 제정신을 잃고 방탕했던 것도 아니고, 나의 최후가 그렇게 부끄러운 것도 아니었습니다. 나는 그저 권문세족이 가한 최후의 반격에 속수무책으로 당했던 거죠.

이대로 변호사　아아, 그랬군요! 이제 좀 정리가 되는 것 같습니다. 그러면 다음으로, 저기 앉아 있는 이성계 등이 모니노, 즉 우왕을 사실 폐하의 자식이 아니라 신돈의 핏줄이라고 주장했어요. 여쭤 보기 송구스럽습니다만, 이 점은 어떻게 생각하십니까?

　왜 공민왕의 개혁 정치는 실패했을까?

공민왕 내가 저승에서 그 이야기를 듣고 얼마나 분통이 터지던지! 나를 방탕한 인간으로 꾸며 낸 것보다 그게 더 괘씸하고 억울하더군요. 그래, 아무리 그래도 내가 내 핏줄을 모르겠습니까? 그리고 자기네들도 그 아이가 내 자식인 것에 동의하고 왕으로 받들어 놓고 10년이 지난 시점에서 갑자기 딴소리를 한 까닭이 뭐겠습니까? 당장 왕씨에서 이씨로 왕조를 바꾸고 싶은데 백성들의 저항이 걱정되니까, 이상한 소리를 지어내서 왕실을 모함한 거죠.

이대로 변호사 알겠습니다! 그러면 마지막 질문입니다. 고려는 과연 무너질 운명이었을까요? 또는 조선이 반드시 세워져야만 했을까요? 이 점에 대해 말씀해 주십시오.

공민왕 음, 사실 일부 억울함도 있지만, 이 자리에 서서 모두에게 느끼는 마음은 미안함입니다. 이 사람, 공주에게도 미안하고, 최 장군에게도, 내 얼굴을 볼 낯이 없었던지 편지만 달랑 보낸 신돈에게도 미안합니다. 저기 앉아 있는 이성계에게도 사실 미안한 마음이 있습니다.

'내가 좀 더 잘했더라면, 내 의지가 더욱 굳었더라면, 의심하지 않을 사람을 좀 더 믿고, 의심해야 했을 사람을 의심했더라면……' 하는 생각에 죽은 다음에도 아쉬움이 남아 편히 눈을 감지 못할 정도였습니다.

그러나 분명히 말하지만, 나는 최선을 다했습니다. 내가 택한 반원 정책과 개혁 정책, 그에 따라 오늘의 원고 기철을 비롯한 여러 사람들을 제거한 것. 이 모든 것들은 고려를 다시 일으키기 위해 반드시 필요했다고 믿습니다. 그리고 성공이 거의 눈앞에 보이는 듯했습니다.

피고 공민왕은 잠시 말을 잇지 못하고 눈가의 눈물을 훔쳤다. 그리고 잠시 숨을 고르더니 이내 말을 이었다.

공민왕 불행했던 것은 나의 힘이 모자라고 행운이 부족한 탓이겠지요. 아까 이야기가 나왔듯, 내가 아니라 태조나 광종께서 그 자리에 계셨다면 훌륭하게 고려를 구할 수도 있지 않았을까 생각합니다. 또

왜 공민왕의 개혁 정치는 실패했을까?

원나라가 망하고 명나라가 들어서는 당시 상황이 기회가 되기도 했지만, 한편으로 위기를 불러일으켜 이성계와 같은 무인에게 민심이 쏠리게 만든 실수도 있었습니다. ▶그리고 명나라가 내세웠던 성리학과 문치주의가 고려 말기 신진 사대부들에게도 힘을 실어 주었죠.

아무튼 나는 할 만큼 했다고, 고려의 왕으로 충실하게 살았다고 자부합니다. 최영 장군도, 이성계 장군도 자신의 선택에 후회가 없는 모양인데, 나 역시 그렇습니다. 내가 하고 싶은 말은 이게 전부입니다. 고맙습니다. 여러분.

공민왕이 말을 마치고 자리에 앉자 노국 공주가 흐느끼며 그의 어깨에 기댔다. 방청석에서는 박수 소리가 나왔다.

판사　　그러면 이것으로 마지막 재판을 마치겠습니다. 잠깐 휴식 후, 양측의 최후 변론을 듣기로 하겠습니다.

땅, 땅, 땅!

교과서에는

▶ 조선을 세운 사대부들은 성리학을 중요하게 여겼습니다. 따라서 그들은 성리학의 이념과 이론에 따라 덕치주의를 내세운 유교적 이상 정치를 조선이라는 새로운 나라를 통해 펼쳐 보려 했습니다.

고려 시대에 들어온
성리학

　고려 시대 말기, 왕위에서 물러난 충선왕은 원나라에 '만권당'이라는 독서당을 지었는데, 이곳을 통해 고려와 원나라의 유학자들은 서로 교류할 수 있었습니다. 그리고 이를 통해 고려는 성리학을 받아들이게 되었습니다. 그렇다면 성리학은 어떤 학문일까요?

　성리학은 송나라 때 주희라는 학자가 연구한 유학의 한 갈래로, '주자학'이라고도 불리며 인간과 우주에 대해 깊이 생각하고 연구하는 학문입니다. "우주의 만물은 어떻게 만들어졌을까?" "인간의 본성은 선할까, 악할까?" "만물의 근본은 어디에 있을까?"와 같은 질문에 답하는 학문이지요. 주로 이기설(理氣說)과 심성론(心性論)에 따라 인격과 학문을 닦는 것의 중요성을 강조했는데 각 개인이 도덕을 지키고 바르게 살고자 노력하는 삶을 강조했습니다.

　우리나라에는 고려 말기에 처음으로 들어왔으며 이후, 조선의 통치 이념으로 자리 잡았습니다. 길재·정도전·권근·김종직에 이어 이이·이황에 이르러 더욱더 체계적으로 발전했습니다.

다알지 기자

안녕하십니까? 역사공화국 한국사법정의 다알지 기자입니다. 오늘 기철과 공민왕의 재판이 모두 끝났습니다. 마지막 재판에서는 색다른 증인 두 분이 나와서 재판의 마지막을 장식했는데요, 고려 최후의 명장 최영, 그리고 고려의 명장이면서 조선을 건국하여 태조가 되신 이성계, 두 분이었습니다. 생전에 라이벌이었던 두 분은 증인석에서 고려 멸망과 조선 건국의 의미를 놓고 한바탕 설전을 벌이셨다는군요. 그럼 이번에는 이 재판의 두 주인공인 원고와 피고를 직접 모시고 이야기를 나눠 보겠습니다. 재판을 마친 소감이 어떠신지요?

기철

　　재판 분위기가 나에게 별로 유리하지 않은 것 같아서 걱정이네요. 공민왕에게 자기 변호할 기회를 너무 많이 준 것 같아요! 아무튼 한편으로 부럽기도 하더라고요. 배반을 했건 일찍 죽었건, 자신을 믿어 주는 사람들이 있었잖아요. 나는 죽으나 사나 누이동생 하나뿐이니……. 그런데 공민왕은 주변 사람들의 믿음에 별로 부응하지 못한 게 아닌가 싶어요. 노국 공주만 봐도 그래요. 공주가 죽은 다음에 화려한 무덤을 만들어 주면 뭣해요? 있을 때 잘해야지. 신돈도 믿으려면 끝까지 좀 믿던가! 나도 그렇고요. 내가 그렇게 나쁜 사람도 아닌데 말이지!

왜 공민왕의 개혁 정치는 실패했을까?

공민왕

　방금 이야기했듯 많은 사람들에게 미안하
고, 안쓰러운 마음이 듭니다. 재판 결과에 대해
서는 마음을 비웠습니다. 어차피 고려 부흥을 이루
지 못했을 때 내 역사적 사명은 끝났는데, 이제 와서 재판에서 이기면
뭐하고, 지면 뭐합니까? 나라를 잃은 군주가 무슨 할 말이 있을까요.
그저 나를 위해 애써 준 여러 증인들과 이대로 변호사님, 그리고 끝까
지 지켜봐 주시고 마음으로 응원해 주신 여러분께 감사하다는 말을 꼭
전하고 싶네요. 많은 분들이 분명 나의 자주 개혁을 이해하고 지지해
줄 거라고 믿습니다.

공민왕은 개혁 군주가 아니오!
VS
나는 고려를 일으키기 위해
최선을 다했소!

판사　자, 양측 모두 휴식 시간 동안 생각을 정리해 보셨는지요? 그러면 최후 변론에 들어가겠습니다.

기철　존경하는 판사님, 배심원, 그리고 방청객 여러분! 우리는 지난 사흘 동안 '한국 역사상 보기 드문 개혁 군주'로 알려져 있던 공민왕의 진실에 대해 살펴보았습니다. 그리고 알게 되었습니다. 그는 참으로 개혁이 필요한 시기에 왕이 된 사람이었다는 사실, 그러나 그는 개혁보다는 자기 자신의 안위와 감정을 앞세운 사람이었다는 사실을!

　공민왕이 정말 나라와 백성을 생각했다면 나와 같은 사람들을 배척하기보다 포용했어야 합니다. 그래도 아직 세계 제국의 위엄을 가지고 있던 원나라의 최고 권력자와 연결된 끈을 그렇게 잘라 버려야만 했을까요? 그 때문에 고려는 한동안 안보 불안에 시달려야 했고, 결국 멸망을 재촉하는 위기에 놓였습니다.

공민왕이 정말 개혁을 위해 모든 것을 바친 사람이었다면, 애써 강화한 왕권을 가지고 스스로의 향락과 개인적인 필요에 백성들의 혈세를 낭비할 수 있을까요? 스스로의 마음을 달래고자 불교에 지나치게 의존하고, 신돈을 편애하면서 최영이나 이성계 같은 유능한 무장들을 멀리하고, 이제현, 이존오, 정도전 같은 사대부들을 실망시켰을까요?

인간적으로 공민왕에 대한 동정은 금할 수 없습니다. 하지만 그는 강하고 공명정대한 지도자가 필요했던 시대에 왕이 되기에는 적절치 못했습니다. 그의 정책은 불필요한 문제를 많이 일으켰고, 결국 스스로 그 개혁을 끌고 나가지도 못했습니다. 그는 고려의 마지막 희망이 아니고, 오히려 절망이었다고, 나는 확신합니다. 이상입니다.

공민왕 여러분! 나는 사실 역사가 나에게 준 과중한 책임 때문에 신음하던 사람이었습니다. 그러나 나는 최선을 다해 나의 의무를 다했습니다. 나는 최선을 다해 개혁을 밀고 나갔습니다.

그러나 내게는 개혁을 믿고 맡길 만한 사람도, 끝까지 자리를 지켜 줄 배우자도, 나만을 따르며 죽음까지 불사하는 지지 세력도 없었습니다. 그래서 나는 때로는 실수도 하고, 때로는 아쉬움도 남겼습니다.

하지만 그게 나만의 잘못일까요? 우리는 역사에서 성공한 사람들만을 찬양해야 할까요? 사육신은 뜻을 이루지 못하고 죽었습니다.

독립 운동가들은 대부분 감옥에서 삶을 마감해야 했습니다. 그러나 우리는 그들이 실패했다고 그들을 비웃을 수 있을까요? 실패한 원인을 오직 그들의 무능함, 그들의 지도력 부족, 그들의 실수 등에서만 찾아야 하는 걸까요?

나를 확실히 지지해 줄 세력만 있었다면, 또는 내가 암살만 모면해서 오래 살았더라면, 고려는 무너지지 않았을 것입니다. 오늘날 우리는 조선이라는 나라를 전혀 모르고 살아가고 있을 것입니다. 내가 고려를 개혁하기 위해 최선을 다했다는 사실만은 꼭 알아주길 바랍니다.

판사 　두 분 말씀 잘 들었습니다. 그동안 모두 수고 많았습니다. 이제 모든 재판을 끝내고 판결을 내릴 때입니다. 자신의 뜻과 맞지 않는 결과가 나오더라도 겸허히 승복하며, 내일의 역사를 위한 교훈으로 삼을 수 있기를 바랍니다. 그러면 모든 재판을 마치겠습니다.

땅, 땅, 땅!

역사공화국 한국사법정 재판 번호 20 기철 vs 공민왕

주문

공민왕의 반원 개혁은 일부 무리가 있었을지 모르나 당시 상황에서 타당했다고 여겨진다. 또한 그의 다른 개혁 정책도 최소한 방향은 옳았다. 따라서 원고의 고소 내용은 인정되지 않으며, 공민왕에 대한 평가는 수정되어야 할 이유가 없다.

판결 이유

고려 말기는 심각한 위기 상황이었으며, 근본적인 개혁이 필요했다는 데 모두의 의견이 일치하고 있다. 그런데 당시는 원나라와 명나라의 교체기로써, 원나라와 결별하고 자주성을 확보하며 명나라와 교류를 시작할 필요성이 시급했다. 또한 원나라와 연결된 세력들이 권문세족과 함께 나라의 위신과 백성의 생계를 심각하게 위협하고 있었음도 사실로 보인다.

그런 점에서 반원 개혁은 시대적인 타당성이 충분했다. 다만 그것이 '반원'보다는 '반기철'이고, 왕권 강화가 우선시되었다는 지적은 일부 긍정할 여지가 있다. 하지만 개혁 정책에 반원의 대의가 뚜렷하므로 그 정도의 문제점은 근본적이지 않다.

또한 강화된 왕권으로 공민왕이 스스로의 욕심을 채우는 일에만 열중했다는 지적은, 일부 사실을 인정하여도 지나치다고 여겨지지 않는다. 공민왕은 일관성 있게 개혁을 추진했으며, 그 과정에서 인간적인 약점을 드러냈지만, 그 정도로 개혁 자체의 의미를 부정할 수는 없다.

공민왕이 계속 생존했다면 고려가 멸망하지 않을 수 있었는가, 고려에서 조선으로의 변화가 불가피했는가는 이번 재판에서 판단하기 어렵고 재판의 쟁점이 아니다.

따라서 본 법정은 기철이 공민왕에게 제기한 소송은 근거가 약하다고 보며, 공민왕은 계속해서 승자의 마을에서 살아가도록 조치한다.

역사공화국 한국사법정 담당 판사 공정한

"수백 년 뒤 역사적인 평가는
바뀔 수 있어요!"

김딴지 변호사는 사무실에서 비서로 스카우트하려고 계속 노력 중인 도깨비 아가씨와 커피를 마시고 있었다.

"에이, 이번에도 지셨네요? 틀림없이 이긴다고 큰소리 뻥뻥 치시더니만……."

"에잇, 정말 아까웠어요. 조금만 더 잘 끌고 갔으면 이기는 재판이었는데……!"

"하지만 저는 잘 되었다 싶던데요?"

"아니, 그게 무슨 말씀? 나한테 뭐 감정 있어요?"

"김 변호사님껜 죄송하지만, 공민왕과 노국 공주 부부 말예요. 서로 위하는 모습이 애틋하더라고요. 살아서도 불행했는데 이번 재판에 져서 패자들의 마을로 쫓겨 가면 어쩌나 걱정되었어요."

"그거야 나도 그랬지만, 이건 어디까지나 공정하고 엄숙한 역사의 심판이라고요! 감정이 들어가서는 안 되지요! 그나저나, 아무래도 증인을 잘못 세웠나 봐요. 기황후가 하도 요란을 떠니까 법정 분위기가 안 좋아져서…… 엥? 뭐, 뭐지?"

문밖에서 싸우는 소리가 점점 크게 들려왔다. 그러더니 기황후와 기철이 변호사 사무실 문을 '쾅' 하고 부서져라 열며 들어왔다.

"아니, 변호사 양반! 자신 있다더니 어떻게 된 거예요? 생전 처음, 아니, 이미 죽었으니 뭐, 생사전 처음인가? 아무튼 처음으로 이 귀한 몸이 법정이라는 데까지 나가서 열심히 증언했는데, 아유, 분해! 성질 나!"

"얘, 얘, 이젠 다 끝났잖니. 변호사님은 할 만큼 하셨어."

"오빠는 잠자코 있어요! 이봐요, 변호사! 이게 정말 끝이에요? 항고하면 안 돼요?"

"이게 3심제가 있는 이승의 재판은 아니라서……. 또 역사의 심판이라는 걸 그렇게 자주 하면 안 되죠. 역사 공부하는 학생들한테 원망 들어요."

"에잇, 정말 짜증 나, 짜증 나!"

"그래도 기다리시다 보면…… 뭐, 어차피 저승이니까 시간은 많지 않습니까? 장담할 수는 없지만 다시 재판이 있을지도 모릅니다. 수십 년 또는 수백 년 만에 역사적인 평가가 다시 뒤집히기도 하거든요."

"들었지? 이만 가자. 변호사님, 정말 감사했소이다."

"감사는 무슨? 생각 같아서는 이 변호사를 확 고발해 버리고 싶

김 변호사! 이길 자신이 있다고 큰소리치더니 어떻게 된 거예요?

진정해, 다 끝난 일이야.

은데, 대원 제국의 황후 체면에 참는다고요. 아유, 짜증 나! 우리 그만 가요!"

"그럼 잘 있으시오."

휑하니 나가 버리는 기황후를 쫓아서 기철이 잰걸음으로 따라 나갔다. 잠시 황당한 표정을 짓고 있던 김딴지 변호사가 화가 난 듯 주먹으로 탁자를 쾅 내리쳤다.

"아, 누구 때문에 재판에서 졌는데? 이 생활도 못 해 먹겠네. 참! 악당이건 배신자이건 변호를 받을 권리가 있다고 생각해서 일을 맡고는 있지만……."

"변호사님! 화가 나셔도 그러시면 안 되죠! 봐요, 커피가 엎질러졌잖아요!"

"에? 미, 미안합니다! 내가 그만 흥분해서……."

진땀을 흘리며, 허둥지둥 휴지를 가져와 커피를 닦는 김딴지 변호사를 보며 도깨비 아가씨가 생긋 웃었다.

"그러고 보니 묘한 공통점이 있네요."

"네? 그게 무슨 말이죠?"

왜 공민왕의 개혁 정치는 실패했을까?

"방금 여동생한테 꼼짝 못하던 기철도 그렇고, 공민왕도 노국 공주에게는 마냥 고분고분한 것 같더라고요. 변호사님도 법정에서는 그렇게 까칠하시면서, 여자한테는 아니시네요? 호호호."

"음, 여자에게 친절해야 남자의 자격이 있는 것 아닐까요?"

"글쎄요? 친절이 지나쳐서 비굴해 보이면 좀 아니죠! 요즘은 까도남, '까칠한 도시 남자'가 대세인 거 모르세요?"

"저승에서 까도남은 무슨……. 아니, 그렇군요. 아닌 게 아니라 공통점이 있을지도?"

"무슨 말씀이세요?"

"기씨 남매와 공민왕 부부 말입니다. 모두 고려 사람이지요? 고려 시대에는 여자들이 요즘 못지않게 남자들 앞에서 당당했지요. 신진 사대부들은 그걸 별로 좋지 않게 여겼고, 이후 조선 시대에 들어 여자는 남자 앞에서 감히 나서면 안 된다는 식의 문화가 굳어졌지만요."

"그러면 조선 시대보다 고려 시대가 더 나았던 거네요?"

"글쎄요. 꼭 그렇다고만 볼 수도 없죠! 언젠가는 한국사법정에서 그 주제도 다루게 될 것 같아요. 그때가 되면 반드시 제 능력을 보여 드리겠습니다. 기대하셔도 좋아요!"

공민왕의 자취가 남아 있는
영호루

고려 후기에는 '북로남왜'라 불릴 만큼 홍건적과 왜구가 극성이었지요. 그중에서도 홍건적은 원나라에 대항하기 위해 구성된 중국 한족 중심의 반란군으로, 1359년 고려를 1차 침범합니다. 결국 공민왕은 1361년 12월 경상북도 안동으로 피란을 떠나게 되지요. 안동은 태백산맥과 소백산맥으로 둘러싸인 내륙 분지로 해안 지방과도 멀리 있어 왜구의 침입에도 안전했기 때문입니다.

공민왕의 일행이 개경을 떠나 안동에 도착하기 직전 다리가 없는 냇물을 건너게 되는데, 이때 젊은 부녀자들이 서로 등을 잇대어 왕비인 노국 공주를 무사히 건너가게 했다고 합니다. 이것이 '놋다리밟기'란 민속놀이의 유래가 되기도 했지요.

안동에 도착한 공민왕은 전력을 가다듬고 홍건적 토벌의 명을 내립니다. 그래서 홍건적을 물리치고 수도인 개경을 되찾게 되지요. 안동에 있을 당시 공민왕은 안동 사람들의 호의에 고마워하며 자주 찾았던 정자인 '영호루'의 현판과 영남의 으뜸가는 곳이라는 뜻의 '안동웅부'라는 현판을 써서 하사하였습니다.

영호루는 경상북도 안동시 강남로에 있는 고려 시대 정자로, 피란하여 안동에 있던 공민왕이 자주 이곳에서 군사 훈련을 참관하고 군사 명령을 내렸다고 합니다. 그래서 홍건적이 물러나고 개경으로 돌아간 뒤에도 이곳을 잊지 못하고 '영호루' 현판을 한자로 써서 내렸지요.

영호루는 안동의 남쪽 낙동강변에 있습니다. 공민왕의 글을 받은 안동판관은 영호루의 규모가 작아 공민왕이 내린 현판을 걸기에 어울리지 않는다고 판단했습니다. 그래서 영호루의 위치를 강에 가깝게, 규모는 크게 확장하였다고 전합니다. 현재 영호루에 가면 공민왕의 글씨뿐만 아니라 4면에 빼곡히 적혀 있는 김방경을 비롯한 고려 시대와 조선 시대 명사들의 시를 볼 수도 있습니다.

찾아가기 경북 안동시 강남로 187-5

영호루

공민왕이 쓴 영호루 현판

『역사공화국 한국사법정 20 왜 공민왕의 개혁 정치는 실패했을까?』
와 관련한 논술 문제를 풀어 봅시다.

※ 다음 제시문을 읽고 물음에 답하시오.

> 공민왕의 왕비인 (ㄱ)노국 공주는 원나라에서 온 사람이었습
> 니다. 원나라 출신이기는 했지만 공민왕과 결혼한 뒤로는 고려
> 를 위해, 공민왕을 위해 힘썼습니다. 원에 반하는 개혁을 하거
> 나, 원의 옷을 벗어 버리는 것도 마다하지 않았지요.
>
> (ㄴ)기황후는 중국 원나라 황제의 황후가 된 고려 여인입니
> 다. 몽골명은 솔롱고 올제이 후투그이지요. 고려의 관리였던
> 기자오의 딸로, 원나라에 바치는 고려 공녀 중 한 사람이었습
> 니다. 원으로 건너가 궁녀가 되었으며 황제의 총애를 얻어 귀
> 빈이 되었지요. 이후 황후의 자리에 오르게 되고 황제의 아들
> 까지 낳았습니다.

1. 위 글의 (ㄱ)노국 공주와 (ㄴ)기황후의 삶을 비교해 보고 공통점과 차
   이점을 쓰시오.

※ 다음 제시문을 읽고 물음에 답하시오.

(가) 공민왕은 즉위하고 얼마 뒤에 무신 정권의 최우가 설치하여 인사 행정을 맡아 오던 정방을 폐지하였습니다. 무신 정권 이후 허수아비에 불과했던 왕의 자리를 제대로 찾기 위한 조치였지요.

(나) 공민왕은 친원 세력의 우두머리인 기씨 일족을 제거하였습니다. 그리고 쌍성총관부를 공격하여 원나라가 지배했던 철령 이북의 땅을 되찾았지요.

(다) 공민왕은 승려였던 신돈을 가까이 하며 그의 의견에 따라 정치를 펴기도 하였습니다. 권문세족이 불법으로 차지한 토지를 원소유주에게 돌려주는 등 여러 개혁을 단행하였지요.

2. (가), (나), (다)를 읽고 공민왕의 개혁 정치를 비판하여 쓰시오.

왜 공민왕의 개혁 정치는 실패했을까?

해답 1 노국 공주와 기황후는 모두 14세기에 살았던 여인으로 평범하지 않은 인생을 살았습니다. 노국 공주는 원의 공주로 태어났으나 공민왕의 부인이 되어 고려로 와야 했고, 기황후는 고려 관리의 딸로 태어났으나 원에 공녀로 보내졌지요. 이렇게 굴곡진 인생이 두 여인의 공통점입니다. 하지만 두 여인의 삶은 큰 차이점이 있습니다. 노국 공주는 고려에 시집을 와서 개혁 정치를 펴는 공민왕을 뒷받침하고 힘이 되어 준 반면, 기황후는 고려 친원 세력의 핵심 인물로 원나라와 조정에 큰 영향력을 행사하였답니다.

해답 2 (가)는 무신 정권의 그림자를 떨쳐 버리기 위한 개혁 활동 중 하나였고, (나)는 반원 자주화를 위한 개혁 정치 중 하나였습니다. 그리고 (다)는 신돈을 등용한 이후의 개혁 정치에 관한 내용입니다. 이처럼 공민왕은 기울어져 가는 고려를 바로잡기 위해 노력을 했지요. 하지만 지지 기반이 약했던 탓에 공민왕의 개혁 정치는 미완으로 끝나고 맙니다. 고려가 원나라로부터 벗어나 자주성을 확보하기는 했지만 아쉽게도 공민왕의 죽음 이후 더 이상 이어지지 못했지요.

* 해답은 예시로 제시된 내용입니다.

왜 공민왕의 개혁 정치는 실패했을까?

역사공화국 한국사법정 20

왜 공민왕의 개혁 정치는 실패했을까?

© 함규진, 2011

초　　판 1쇄 발행일　2011년 2월 15일
개정판 1쇄 발행일　2014년 2월 24일
개정판 6쇄 발행일　2023년 2월 1일

지은이　　함규진
그린이　　안희숙
펴낸이　　정은영

펴낸곳　　(주)자음과모음
출판등록　2001년 11월 28일 제2001-000259호
주소　　　10881 경기도 파주시 회동길 325-20
전화　　　편집부 (02) 324-2347 경영지원부 (02) 325-6047
팩스　　　편집부 (02) 324-2348 경영지원부 (02) 2648-1311
이메일　　jamoteen@jamobook.com

ISBN　978-89-544-2320-5 (44910)